SEIKE/KUDO/SCHMIDT
Japanische Gärten
und Gartenteile

141 Fotos und Zeichnungen

WILHELM HEYNE VERLAG
MÜNCHEN

HEYNE RATGEBER
08/9070

Deutsche Übersetzung von
Klaus Thiele-Dohrmann

Titel der japanischen Originalausgabe:
Sakutei mo Jiten
Erschienen 1980 in Japan unter dem Titel:
A Japanese Touch for your Garden

Copyright © 1980 Kodansha International Ltd., Tokyo, Japan
Copyright © Deutsche Ausgabe 1983 Eugen Ulmer GmbH & Co., Stuttgart-Hohenheim
Genehmigte Taschenbuchausgabe
Alle Farbfotos von Haruzo Ohashi, ausgenommen Seite 172/173, Abb. 1–8,
von Tadashige Ohashi.
Süddeutscher Verlag, Bilderdienst, München (Seite 134)
Zeichnungen von Design System Inc., Yoshito Suzuki und Zenjiro Tagomori.
Printed in Germany 1986
Umschlagfoto: Zefa/Orion, Düsseldorf
Umschlaggestaltung: Atelier Ingrid Schütz, München
Satz: Presse-Druck Augsburg
Druck und Bindung: RMO, München

ISBN 3-453-41723-2

Inhaltsverzeichnis

Vorwort

*»(Im Garten) wollte er die geistige Welt einer neuerwachten
Seele schaffen, die noch in Schattenträumen der Vergangenheit
befangen war, doch zugleich sich badete in der lieblichen
Unbewußtheit eines wohltuenden geistigen Lichts und sich sehnte
nach der Freiheit, die dort im weiten Raume lag.«*

Okakura Kakuzo

Es ist Morgen. Der Mann hat sich frischgemacht und einen blauen
Anzug angezogen. Nun sitzt er still da, trinkt eine Tasse Tee und
blickt auf die Landschaft, die vor ihm liegt. Ein hoher, zerklüfteter
Berg türmt sich im Westen auf. Er ist so nah, daß man das Tosen
eines verborgenen Wasserfalles zu hören meint. Ein Strom stürzt in
die Ebene und speist einen See, der sich fast bis zu den Füßen des
Betrachters ausdehnt. Der Mann verfolgt mit den Augen die
Küstenlinie bis zu einem dichten Wald auf der anderen Seite; die
vordersten Bäume sind gekrümmt, und er glaubt den Wind zu
hören, der sie jahrelang gezaust hat. Dort hinten erheben sich hohe
Zedern auf einem Hügel, der zu einem abgelegenen Bergtempel
führt.

Hinter dem Wald gibt es Bereiche, die er gern eines Tages einmal
durchstreifen möchte. Aber dafür ist jetzt keine Zeit. Der Mann
nimmt seine Aktentasche in die Hand, sagt seiner Frau, daß er
heute abend spät zurückkommen wird, schließt die Gartenpforte
hinter sich und reiht sich dann mit schnellen Schritten in die
Menschenmenge ein, die bereits eilig auf dem Weg zur nahen
Bahnstation ist...

Die Landschaft, die der Mann betrachtet hatte, war keine Landschaft im gewohnten Sinne, sondern ein japanischer Garten von nur wenigen Quadratmetern Größe. Er selbst hatte ihn angelegt. Der ›Berg‹ war ein großer Stein, den er mit einem Lastwagen transportiert hat. Der ›Wasserfall‹ und der ›Strom‹ waren kleinere Steine und Kiesel, die er sorgsam nach Form und Färbung angeordnet hatte. Der ›See‹ bestand aus weißem Kies, und die ›windzerzausten Bäume‹ waren ein paar Kiefern, die er sich zurechtgeformt hatte, solange sie jung waren. Der ›Hügel‹ war aus den Erdresten gemacht, die beim Begradigen des Bodens übriggeblieben waren, und den ›abgelegenen Tempel‹ stellte ein steinerner Turm dar, den er in einem Gartencenter gekauft hatte.

Aber obwohl der Mann jeden Morgen diese Szenerie betrachtete, hatte er noch kein einziges Mal gesagt: »Das ist ja bloß ein Garten.« Was er sah, war tatsächlich eine Landschaft: lebendig, unberührt, geräumig und von heiterer Gelassenheit. Sie half ihm, sich innerlich vorzubereiten auf seinen Arbeitstag in der Stadt – jenseits der Gartenmauer.

Die meisten Gärten in westlichem Stil werden wegen ihrer formalen Schönheit bewundert; ihre sorgsam geometrische Anordnung dokumentiert die rationale Präzision derer, die sie angelegt haben. Außerdem bieten sie farbenfrohe Blumen oder Speisen für den Tisch. Der japanische Garten ist nicht weniger ausgeklügelt als sein westliches Gegenstück. Aber seine Rhythmen und Formen, die jene der Landschaft draußen nachahmen und symbolisieren, sind so natürlich eingesetzt, daß man die ordnende menschliche Hand dabei vergißt. Steine und Bäume sind asymmetrisch angeordnet, um die ungebändigte Natur widerzuspiegeln. Es herrschen grüne, graue und braune Farbtöne vor, doch diesen werden als Kontrast, hier und dort verstreut, Blumen und Früchte beigegeben, die den ständigen Wechsel der Jahreszeiten andeuten. Leerer Raum, Wind, Bezirke der Stille, Schatten und kleine Aussichtsplätze sind subtiler als funktionelle Design-Elemente, die die Beziehung des Gartens zu seiner Umgebung unterstreichen. Die abstrakte Darstellung von fließendem Wasser auf festem Stein und Kies provoziert die Phantasie durch die Vereinigung scheinbarer Gegensätze. Solche engen Wechselbeziehungen bewirken, daß man die Natur als Ganzes sieht, selbst wenn der Garten vielleicht nicht mehr Platz einnimmt als eine Ecke im Hof und nur aus Bambus, einem Strauch und einem Stein besteht.

> *»Getrieben von dem Drang, die unsichtbaren,*
> *geheimnisvollen Kräfte der Natur faßbar zu machen,*
> *fiel dem Menschen im Dämmer der Urzeit eine einzelne Substanz*
> *besonders auf:*
> *der feste, unbewegliche Fels.«*

Kenzo Tange

Die Japaner sind gewiß nicht das einzige Volk, das die Natur liebt. Aber es gibt wohl keine Gesellschaft, in der Natur als Leitmotiv – als Maßstab für ›Qualität‹ – alle menschlichen Ausdrucksformen nachhaltiger geprägt hat, von der Architektur über den Kampfsport Aikido und die Literatur bis hin zu den Blumen, die Busfahrer auf ihren Armaturenbrettern stehen haben. Die Gartenkunst gehört hierbei zu den älteren Beispielen; man hat von Menschenhand gemachte ›Mini-Berge‹ und ›Mini-Seen‹ entdeckt, die bis auf das 7. Jahrhundert n. Chr. zurückgehen. Diese frühen Gärten hatten ihre Vorbilder im China der T'ang-Zeit, doch allmählich wurden sie der japanischen Landschaft immer ähnlicher – einem Inselland mit vielen Bergen, Flüssen und hohen Bäumen. Man beschäftigte sich zwar mit der buddhistischen Weltsicht, aber wahrscheinlich lag den Gärten letztlich doch (wie es auch heute noch ist) der altjapanische Shinto-Glaube zugrunde, der die Welt und alles, was darin ist, auch den Menschen, erfüllt sieht von den urzeitlichen Schöpfungskräften.

Vom 8. bis zum 11. Jahrhundert legte der Adel in Japan große Teichgärten an, in denen man sich die Zeit vertrieb. Hier sah man vollendete Anlagen, die, in verkleinertem Maßstab, große Landflächen, Inseln, Wasserfälle und naturalistische Baumanpflanzungen darstellten. Oft wurden auch charakteristische Merkmale der dahinter liegenden Szenerie noch mit einbezogen, ›entlehnt‹, um die Schönheit der Landschaft zusätzlich zu unterstreichen. Etwa seit der Mitte des 13. Jahrhunderts wurde die Größe der Gärten

11

reduziert. Im 15. und 16. Jahrhundert wurden Seen und Wasserfälle nur durch Kies und Steine dargestellt. Dieser abstrahierende Zug entstammte dem Geist des Zen-Buddhismus, der die Einfachheit betonte. Um diese Zeit entstanden auch Teegärten. Ihre Aufgabe bestand darin, die richtige Atmosphäre strenger Einfachheit für die Teezeremonie zu schaffen. Die Methoden, die angewandt wurden, um eine natürliche Wirkung und eine Atmosphäre geschmackvoller Einfachheit zu erzeugen, waren typisch für jene Zeit und haben seitdem auf Gartenkunst, japanische Ästhetik und japanisches Design einen enormen Einfluß ausgeübt.

»(Der Garten) sollte natürlich rein sein wie eine Waldlichtung,
aber nicht übertrieben gepflegt.
Deshalb hielten die Teemeister es für das beste,
einen Knaben oder einen alten Mann (mit dem Fegen und Säubern)
zu beauftragen,
weil diese nicht übermäßig sorgfältig sein würden.
Blätter, die unter die Bäume und zwischen die Steine geweht sind,
sehen interessant aus und sollten nicht aufgewirbelt werden.«

A. L. Sadler

Dieses Buch gibt einen Überblick über die Materialien, die im japanischen Garten verwendet werden. Es möchte den Leser in den Garten, in Planung und Anlage einführen. Die Erklärungen richten sich nach dem Gegenstand und sind, je nachdem, mechanischer, allgemeiner, historischer oder deutender Art. Die Methoden zum Anlegen von Teichen, Abflüssen und dergleichen, die bereits hinreichend oft beschrieben worden sind, bleiben hier unerwähnt, um desto mehr Raum für typisch japanische Anlageweisen zu lassen. Wo nötig, wird in der deutschen Ausgabe der Buchtext durch numerierte Anmerkungen ergänzt; sie stehen im Anhang.

Die ästhetischen Konzepte, die dem Garten als Ganzes zugrunde liegen, sollten bei der Lektüre der technischen Erläuterungen im letzten Hauptkapitel klarwerden. Die Farbfotos in den ersten drei Hauptkapiteln sollen dabei helfen, das Formgefühl zu entwickeln, das Auge zu sensibilisieren, und sie sollen eine Vorstellung davon vermitteln, was im Garten vor sich geht.

Geben Sie Ihrem ganzen Garten einen ›Hauch von Japan‹, oder auch nur einer einzigen, durch einen Zaun oder Büsche abgetrennten Ecke. Oder bauen Sie einzelne japanische Elemente in Ihren westlich gestalteten Garten ein. Wer in einem Apartmenthaus wohnt oder in einem Büro arbeitet, versucht es mit einem Hauch von Japan auf einem Balkon, in einer Vorhalle, in einem Bereich, der sich für Blumen nicht eignet, oder auch im Zimmer selbst. Möglichst Materialien verwenden, die in der Umgebung leicht zu bekommen sind, zum Beispiel moosbewachsene Steine von einer zerfallenen Mauer oder auch Pflastersteine (Anmerkung 1).

Die Empfehlungen in diesem Buch entstammen der Erfahrung japanischer Gärtner. Sie spiegeln die Einstellung der Japaner zu ihrer Landschaft wider und beziehen sich auf Materialien, die in Japan leicht erhältlich sind. Unseren heimischen Verhältnissen angepaßte und hier erhältliche Pflanzen sowie ergänzendes Material sind im Anhang samt Bezugsquellen aufgeführt. Die kurzen historischen und erläuternden Kommentare des Textes sollen verstehen helfen, warum bestimmte Materialien im japanischen Garten Verwendung gefunden haben, wie sie folglich benutzt werden und welche Wirkung sie haben sollen.

Auch die Bedeutung des Zen-Buddhismus und der Teezeremonie wird hier behandelt, weil beide tief eingedrungen sind in das japanische Empfinden für das, was gut, natürlich und angemessen für die Umgebung des Heimes ist. In beiden findet sich mancher überraschende Zugang zur Gartenkunst. Sie sollten sich aber keine Sorgen darüber machen, ob Ihr Garten nun wirklich ›echt japanisch‹ sei. Schließlich ist es Ihr Garten, und Sie sollten ihn so gestalten, wie es Ihrem Geschmack entspricht. Die Maßangaben dienen lediglich als Richtlinie. Imitieren oder verändern Sie, wie Sie es für gut halten – beides ist erlaubt. Ein großer Teil der japanischen Gartenkunst orientiert sich an einem Gefühl dafür, was einfach machbar ist und was am schönsten aussieht (Anmerkung 2). Und der Schlüssel hierfür ist Ihre eigene Empfindsamkeit, die sich aus direktem Umgang mit der Natur ergibt. Wenn Sie erst einmal eine Vorstellung davon haben, welche Wirkung Sie in Ihrem japanischen Garten erreichen wollen, dann kann dieses Buch Ihnen bei der Verwirklichung behilflich sein.

Der Garten im Hof

Der Garten im Hof – japanisch: Tsuboniwa – ist ein Garten inner- halb eines kleinen, umschlos- senen Geländes. Der Gärtner bepflanzt nicht den gesamten Raum, sonst würde er überfüllt wirken. Statt dessen arrangiert er sorgsam einige wenige Dinge und benutzt deren Beziehung zueinander, um mehr zu sugge- rieren, als das Auge tatsächlich sieht. Er fügt handgemachte Dinge dazu, wie etwa Laternen und Tsukubai (Wasserbehälter), um den Garten menschlich zu machen, ihn zu schmücken und ihm im täglichen Leben eine praktische Funktion zu geben. Er bemüht sich um Gleich- gewicht und Ausgewogenheit, ohne deswegen in geometrische Künstlichkeit zu verfallen. Er verbindet den Garten komposi- torisch mit seinem Haus. Und er nutzt zahlreiche Unwägbarkeiten aus: Windrichtung, Geräusche, Jahreszeiten, Sonnenlicht, die echten und augenfälligen Dimensionen des leeren Raums.

14

Kurze
Einleitung

Dieser Tsuboniwa
braucht nur wenige
Elemente, um eine har-
monische Beziehung
zwischen vertikalen und
horizontalen Elementen
herzustellen. Größere
Steine, um den Sockel
des Tsukubai herumge-
legt, ›verankern‹ diesen
fest im Erdboden,
fangen überfließendes
Wasser auf und bieten
eine formale Variante.
Der Bambusvorhang im
Hintergrund verbirgt
ein Fenster und fungiert
gleichzeitig als ›Einweg-
Vorhang‹, der es er-
laubt, von der anderen
Seite her in den Garten
zu sehen.

Garten im Eingang. Die
Bambusstäbe der Decke
sind ein Echo auf die
Materialien der Schutz-
verkleidung (links) und
bringen die Gartenat-
mosphäre schon in den
Hauseingang. Man
beachte die beiden auf-
rechtstehenden Steine
am Tsukubai und am
Eingang. Das Pflanzen-
arrangement wirkt vor
der weißen Wand sehr
lebendig und wird zu
jeder Jahreszeit ver-
ändert – dieses hier ist
ein herbstliches Bild.

Dieser schmale Garten ist eine Anlage in zwei Teilen, einem aus Steinen und einem aus Aspidistra. Weißer Sand gibt das reflektierte Licht nach innen weiter und hellt die Umgebung auf. Die runden Steine, in kontrastierendem Schwarz, erleichtern den Abfluß des Wassers. Rechtwinklige Elemente stellen eine Beziehung zwischen den Trittsteinen und dem Tsukubai her. Der bananenförmige Stein ist ein Typus, den man in Gärten häufig sieht.

Dieser Garten wurde wohlüberlegt mit einem Bambuszaun umgeben; ein höherer Zaun aus Zedernschwarten schirmt das Grundstück zur linken Seite hin ab. Am Tsukubai stehen Binsen, in naturalistischen Gärten ein gewohnter Anblick. Um den Garten attraktiv zu machen, hat man überall reichlich Wasser gesprengt, wie es Sitte ist, wenn Gäste erwartet werden. Die Laterne steht nahe am Wasserbehälter, um abends für Beleuchtung zu sorgen. (Anmerkung 3.)

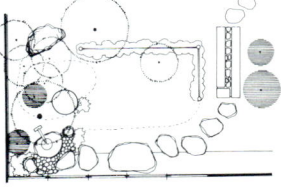

Schon bei der Planung
bedenkt der Gärtner
stets, wie der Garten zu
jeder Jahreszeit ausse-
hen wird. Hier sorgen
frühsommerliche Farben
für einen prächtigen
Akzent. Rechtecke
und Kreise aus klein-
blättrigem Buchsbaum
und Azaleen sowie
senkrecht und diagonal
verlaufende Baumlinien
bilden die Komposi-
tion. Der ausladend
schräg wachsende
Ahorn (dessen Blätter
sich im Herbst schar-
lachrot färben) gibt das
Leitmotiv und lenkt den
Garten zur Veranda,
die dem Haus vor-
gebaut ist.

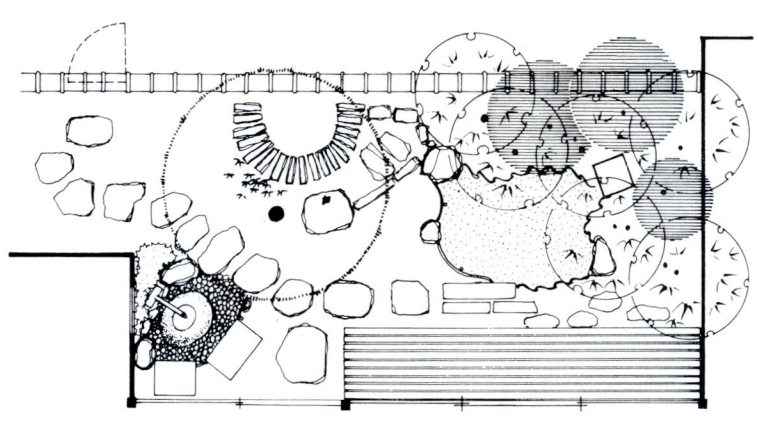

Viele verschiedene Arten von Steinen, die von alten Gebäuden stammen, geben diesem Garten großen Charme. Der mit Dachziegeln eingefaßte Teich bleibt immer trocken; in Wirklichkeit verbirgt er ein Abflußsystem.

Die Veranda betont die Formgebung von links nach rechts; sie ist aus einem Lattenrost gebaut, um zu verhindern, daß sich Regenwasser ansammelt. Der Busch ganz rechts ist eine Aucuba japonica.

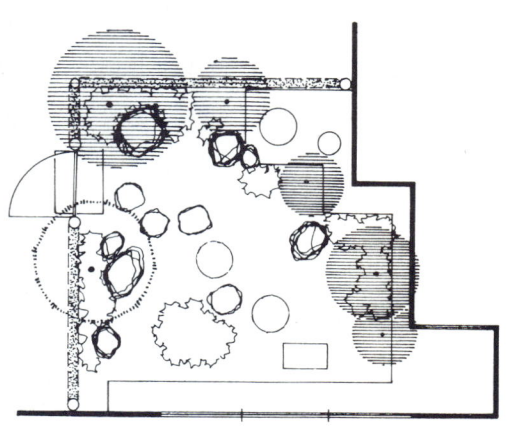

Ein Zaun aus getrocknetem Bambus schirmt den Garten völlig ab, ohne ihn einzuengen; die durchbrochene Pforte bietet hier einen wirkungsvollen Durchblick.

Der Garten ist äußerst naturalistisch, dafür sind als Gegensatz die Trittsteine in perfekte Form gebracht worden. Im Herbst und Winter sorgen rote Beeren für Farbtupfer.

Linke Seite:
Haus und Garten sind thematisch aufeinander bezogen. Hier entsprechen die horizontalen und vertikalen Linien der Schiebetüren denen des Zaunes. Ein Regenrohr führt vom Dach herab. Die längliche Fliesenplatte verbindet die gemauerte Terrasse mit dem ›Meer‹ aus Sand, in dem unregelmäßig ausgelegte Trittsteine den Naturalismus des Gartens unterstreichen. Im Vordergrund wächst Camellia sasanqua; die grünweiße Pflanze dahinter ist Sasa veitchii.

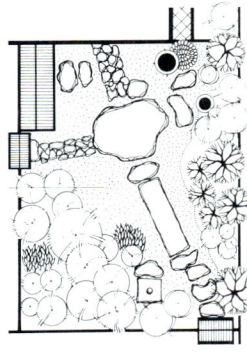

Teegarten, von der Tür und vom Eingang aus gesehen. Die Steine, vor allem der in der Mitte, zu dem die drei Wegspuren führen, vermitteln das Gefühl von Schwere; aber niedrig wachsende Pflanzen sorgen für den nötigen Ausgleich, damit der Garten behaglich wirkt. Die Yukimi-gata-Laterne wird von japanischer Zypresse, kleinblättrigem Buchsbaum und Kamelie umrahmt. Die Bank am Eingang dient wartenden Gästen vor dem Beginn der Teezeremonie.

Dachgarten. Er verbindet japanischen mit westlichem Stil. Die Komposition – sie schließt die umgebende Architektur und die Pflasterung mit ein – besteht aus geraden Linien, mit Ausnahme des Steins, dessen grobe Form durch den Kontrast noch betont wird.

Das eingefriedete Stückchen Erde mit dem Bambus ist in Wirklichkeit ein riesiger Blumentopf, der fast zwei Meter in die Tiefe reicht, dadurch genügend Platz bietet und verhindert, daß die Bambuswurzeln sich ausbreiten. (Anmerkung 4.)

28

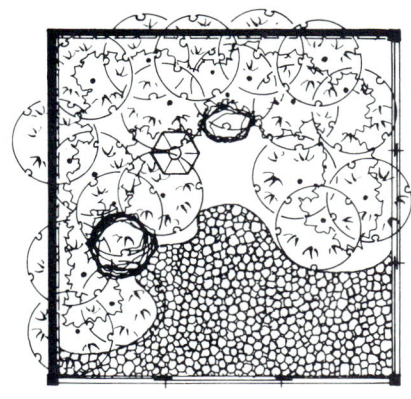

Die unregelmäßige
Form des steinernen
›Sees‹ findet eine Ent-
sprechung in der Ufer-
böschung. Die Farne
wirken bewegt und bilden
einen guten Kontrast
zu der robusten Stein-
laterne, die mit Bedacht
aufgestellt worden
ist, um vom Betrachter
in ganzer Höhe
gesehen zu werden und
den Eindruck eines
hohen Leuchtturms an
der Küste zu suggerieren.
(Anmerkung 5.)

Der L-förmige Weg, der von der Pforte zum Eingang im Hintergrund verläuft, ist der Hauptblickpunkt dieses Gartens, und man hat ihm viel Platz gelassen. Hinten im Bild sieht man kleinblättrigen Buchsbaum.

Man beachte die spiegelähnliche Verwendung des vorn liegenden Steines, der das Außen unmittelbar mit dem Innen verbindet.

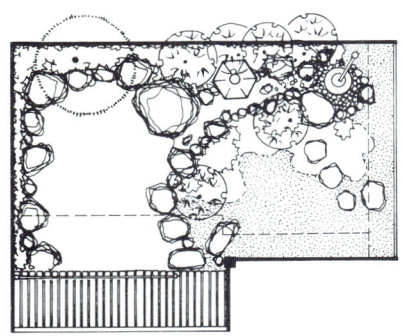

Die massiven, zerklüf-
teten Felssteine sind mit
Farnkraut bedeckt wor-
den, um sie leichter er-
scheinen zu lassen. Bei-
de zusammen stellen ein
felsiges Tal dar. Ein
Teich liegt dicht am
Haus und schafft einen
Höhenunterschied, der
den Betrachter optisch
in den Garten einbe-
zieht und dessen tat-
sächlichen Umfang er-
weitert. Beachtenswert
sind die merkwürdige
Laterne und das über-
hängende Regendach,
das den Betrachter
schützt, wenn er auf
der Brücke steht, um
die Szenerie zu bewun-
dern.

Frühling. Die Töpfe, in denen die Forsythien stehen, werden in Körben verborgen, um den Eindruck zu erwecken, als wüchsen die Pflanzen tatsächlich im Garten.

Sommer. Der Schirm und das Grün kühlen den Garten an heißen Tagen. Der Rauch soll Moskitos vertreiben.

Ein Garten ist nicht untätig. Im Frühling entlädt er sich in Farben, und alles beginnt zu wachsen; im Winter bietet er noch ein Bild der Ruhe. Manchmal bringt der Gärtner, der jahreszeitlichen Stimmung entsprechend, eigene Empfindungen mit ein und betont damit den strömenden Kreislauf der Natur.

Herbst. Chrysanthemen wie diese hier wachsen nicht wild in der freien Natur; im Gegensatz zur Frühlings-Forsythie versteckt man ihre Töpfe nicht.

Winter. Von Schnee bedeckt, ist der Garten nur auf die wesentlichen Elemente reduziert.

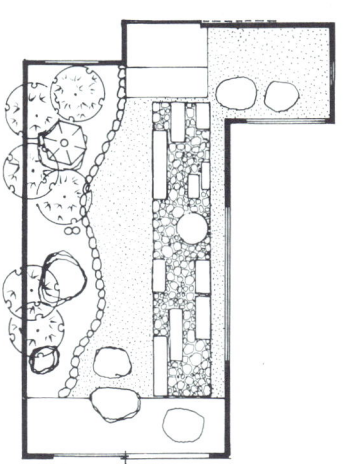

33

Durchscheinende Ver-
kleidungen bilden eine
Wand, die Licht herein-
läßt und die senkrech-
ten Linien der Bambus-
rohre zur Geltung
bringt, von denen einige
absichtlich leicht
gebogen worden sind,
um dem Auge Abwechs-
lung zu bieten.

Im Garten kann ein
Bett aufgestellt wer-
den, damit man im
Sommer draußen
schlafen kann. Der
Boden ist mit Moos
und abgefallenen
Blättern bedeckt.

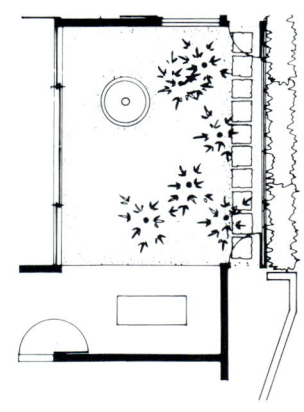

Der Steingarten

Im harten Stein sind Bewegung, For-
mung, Jahrhunderte gespeicherter Zeit
bewahrt; Aufgabe des Gärtners ist es,
dies dem menschlichen Auge zu
erschließen. Er wählt unbearbeitete
natürliche Steine aus und setzt sie fest
in den Erdboden. Er legt Wege und
Begrenzungen an oder erweckt die Vor-
stellung eines Wasserfalls, eines Flusses
oder eines Berges. Vielleicht verwendet
er grüne Pflanzen, um die Starrheit des
Steins durch Wandlung und Wechsel
auszugleichen. Und wenn die Steine
seinen Garten prägen und darin ein
tiefes Gefühl von Kraft und Stärke auf-
kommen lassen, dann sagt er, sie ›leben‹.
Diese Wirkung kann sehr intensiv sein,
wie eine Figur in einem Roman von
Yasunari Kawabata es erlebt: »Der
Steingarten, in Jahrhunderten verwittert,
hatte eine antike Patina angesetzt, so daß
die Steine aussahen, als wären sie schon
immer dort gewesen. Doch ihre starren,
kantigen Formen ließen keinen Zweifel
daran aufkommen, daß es sich um
eine von Menschen gemachte Anlage
handelte…« »Wollen wir nicht nach
Hause gehen?« fragte sie. »Die Steine
fangen an, mir Angst zu machen.«

Der Ton
der Stille

Linke Seite:
Dieser Garten nutzt Steine in zweifacher Weise: als naturalistische Zusammenstellung und als Mittel, die Vorstellung eines Flusses zu erwecken. Jeder Stein in diesem Fluß wurde sorgsam ausgewählt und angeordnet, um den Eindruck eines reißenden, geräuschvollen Stromes hervorzurufen, der fast über die Ufer tritt.

Das Moos schwächt die Wirkung etwas ab. Vorn steht ein japanischer Ahorn, im Hintergrund ein Yedo-Weißdorn.

Hier dienen Steine dazu, die unterschiedlichen Geräusche und Geschwindigkeiten des Wassers auszudrücken. Dementsprechend ändern sich Art und Größe der Steine, wenn der ›Strom‹ von rechts oben nach links unten fließt und sich dort schließlich verbreitert. Farbige Akzente setzen Azaleen und kriechender Wacholder, die jedoch die Form von Steinen angenommen haben.

Ein stiller ›See‹, von
zerklüftetem Gelände
umgeben. Die abge-
flachten Felssteine am
Rand vereinigen diese
beiden Elemente formal
und lassen an eine felsige
Bucht denken. Im
Hintergrund links sieht
man eine typische
Sanzon-Anlage eines
Wasserfalls: ein trockener
›Fluß‹ stürzt herab und
›speist‹ den See. (Zu
dem Begriff ›Sanzon‹ s.
Seite 83.)

Die Hecke im Hintergrund kombiniert Camellia sasanqua und Camellia japonica und verbindet den Garten stufenweise mit den umgebenden Bäumen. Die beiden kegelförmigen Sandhaufen sind ein merkwürdiges Charakteristikum: dieses Muster soll aus angehäuftem Sand entwickelt worden sein, den man früher benutzte, um den Garten zu begradigen oder um für vornehme Besucher einen ›Teppich‹ auszubreiten.

Die ineinandergreifen-
den Linien der Wellen
und Wirbel suggerieren
ein aufgewühltes
›Meer‹. Sorgsam ange-
legte moosbedeckte und
im Frühjahr ergrünende
Miniaturhügel vermit-
teln den Eindruck einer
Gebirgskette an der
Küste. Die Belebtheit
beider Elemente verbin-
det sie miteinander.

Die Einfachheit des Ryoan-ji-Gartens täuscht. Die Steine jeder Gruppierung und die Gruppen als Ganzes bilden miteinander verbundene Dreiecksmuster, und die Kraft der Steine ›fließt‹ nach rechts. Die Gestaltungsabsicht drängt sich nicht auf, aber sie gibt dem Betrachter ein Gefühl der Ruhe – eines der Ziele jedes japanischen Gartens. Die einfache Mauer trägt dazu bei, dem Garten ein einheitliches Aussehen zu geben, und betont die Formen. (Anmerkung 6.)

Der Steinweg ist abge-
schrägt, um Wasser ab-
fließen zu lassen, und
verlängert die Grenzli-
nie des Hauses in den
Garten hinaus, wo sie
dann unterbrochen –
›naturalisiert‹ – wird
von den mittelgroßen
Steinen, die das Moos
vom Meer trennen.

Wie der Wasserbehälter,
der in einem roh ausge-
zackten Bereich einge-
setzt ist, kunstvoll die
Fluchtlinie der Tritt-
steine anhebt, das ist
bemerkenswert.

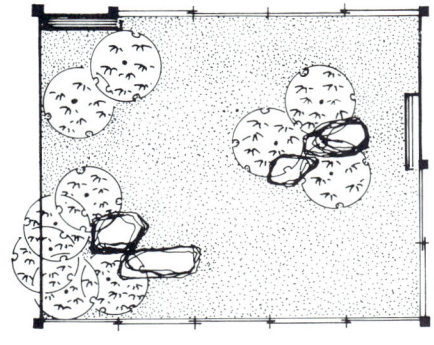

Dieser einfache Garten
empfiehlt sich für viel-
beschäftigte Hauseigentümer.
Die Steine rechts und links
bilden zueinander ein Gleichgewicht in Stellung, Höhe und
Richtung. Der geschmeidige
Bambus bietet einen Kontrast
dazu und, wenn Wind weht, auch
Geräusch und Bewegung. Die
Anzahl der Bambuspflanzen
muß sorgfältig überwacht
werden, d. h., man reißt einige
der jungen Schößlinge heraus,
damit sie nicht die Steine
überwuchern.

Der Sand hellt hier einen dunklen Bereich auf und breitet sich unter der Holzveranda aus, so daß der Garten größer wirkt, als er ist. Wellenmuster und kantige Steine an beiden Seiten entsprechen einander und machen das Design zu einer Einheit, während lange, geharkte Horizontalen eine Verbindung zwischen Garten und Haus herstellen. Eine Pflanze in einem Topf oder eine Vase mit Blumen wäre hier durchaus auch angebracht.

47

Dieser Garten zwischen zwei Häusern war dazu gedacht, den Deckel einer Wasserreinigungsanlage zu verbergen. Rotbräunlicher Kies oder Sand wird oft in Privatgärten verwendet, an Stelle des strengeren weißlichen Sandes, den man in Tempelgärten sieht. Ursprünglich waren mehr Steine im Garten, aber die Anlage wurde in die konventionelle Dreiecksform umgeändert, wie sie hier gezeigt wird; auf diese Weise wirkt der Raum nicht überfüllt. Unter den Pflanzen: Hortensie, Stechpalme und Mahonie.

Bambus auf kleinen, moosigen Erdhügeln, die wie Blumentöpfe aussehen; zur Abwechslung verwendet man viele unterschiedliche Steinformen. Kleine Steine wie die an der Mauer können dazu benutzt werden, ein Abflußrohr zu verdecken. Die Steine am hinteren Ende wie auch die bemoosten Erdhügel bilden unregelmäßige Dreiecke.

Gärten innerhalb des
Hauses sind im allge-
meinen unauffällig.
Hier dämpfen Bambus-
Rouleaus das Sonnen-
licht, und in anderer
Form wird Bambus da-
zu benutzt, den Garten
von allen Seiten einzu-
rahmen. Die kleinen
Trittsteine sind vor al-
lem als Dekoration ge-
dacht; man kann aber
auch darauf stehen,
wenn man die Pflanzen
versorgt. Besondere Be-
achtung verdient die
Kästchenform der Dek-
ke, durch die Licht von
oben hereinkommt. Je-
des Kästchen entspricht
der Form des Gartens.
(Anmerkung 7.)

Links oben

Links unten

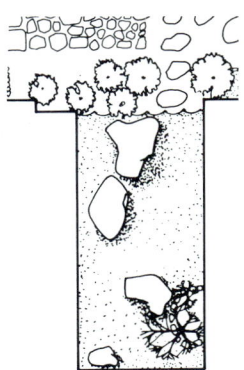

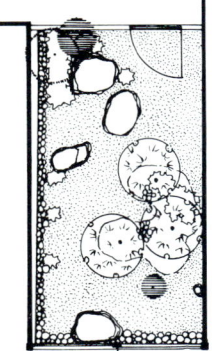

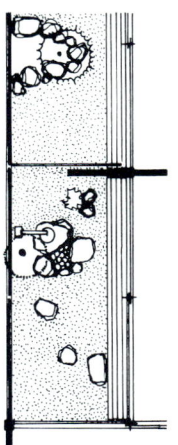

Baum- und Wassergärten

Große Gartensteine schaffen gefestigte, sichere Bezirke; Bäume und Wasser öffnen den Garten vertikal und horizontal durch Wachstum und Bewegung. Der Gärtner läßt den immergrünen Pflanzen den Vorrang, weil sie auf die Beständigkeit und Dauerhaftigkeit der Natur hinweisen und den Garten das ganze Jahr über grün halten. Aber zusätzlich wird er einen blühenden Baum einplanen oder einen, dessen Blätter sich im Herbst prächtig färben; damit weist er auf den Wechsel der Jahreszeiten und auf den Kreislauf allen Lebens hin. Wasser ist ein freies Element, immer in Bewegung, nur begrenzt durch die Form, die es selber wählt. Der Gärtner nutzt es als Geräusch. Und er bezieht die Fähigkeit zur Spiegelung in seine Anlage mit ein. Er läßt es fallen, strömen oder sich in einem Teich sammeln. So bedeutungsvoll ist die Idee des Wassers für einen Garten, daß es manchmal – als trockene Version, die im Japanischen klare Sansui heißt, was soviel wie ›trockene Landschaft‹ bedeutet – durch Stein, Kies oder Sand ersetzt wird.

Ein fortwährendes Murmeln

Dieser Garten ist ein gutes Beispiel für die Beziehung zwischen Masse und Bewegung. Ein seichter Fluß verursacht ein ständig murmelndes Geräusch. Seine Wirkung steht in angenehmem Kontrast zu den dichten, kleinblättrigen Buchsbaum- und Azaleenbüschen, die ihrerseits den schweren Steinen im Hintergrund entsprechen. Und diese Steine flankieren einen schmalen Wasserfall, der den Fluß speist. Man beachte, wie der steinerne Turm teilweise verdeckt worden ist, um der Szenerie etwas Geheimnisvolles zu geben.

Dies ist nur ein Ausschnitt aus einem viel größeren Garten. Der Fluß ist flach, so daß die kleinen Steine im Flußbett zu sehen sind und zu einem Teil der ganzen Anlage werden. Ins Wasser eingerammte Pfähle mit Lilien geben dem Ufer Festigkeit. Der flache Felsstein kann als Sitzplatz benutzt werden.

Linke Seite:
Trotz der Größe dieses Gartens ist jeder Baum, jeder Strauch und jeder Stein sorgsam gewählt und plaziert worden. Die Steine sind nicht willkürlich verstreut worden, sondern sie folgen dem Flußlauf und lenken den Blick; ihre Färbung ist überall einheitlich. Für Farbenpracht sorgen dafür Herbstlaub und Beeren, wie zum Beispiel die einzelne Nandiana mit ihren roten Früchten oder das leuchtende Scharlachrot des Enkianthus rechts. Dies ist ein richtiger Spaziergarten, mit Wegen, die den Betrachter auf subtile Weise von einer Landschaft in die nächste führen.

Wasser wird oft, wie auch hier, wegen seiner Spiegelungsfähigkeit genutzt. Die kleine Kiefer läßt die Vorstellung aufkommen, die Steine könnten hohe Felsspitzen in einem riesigen See sein oder Inseln in einem Ozean. Steine sollten so fest ins Wasser gesetzt werden, wie auch in den Erdboden, daß sie unverrückbar wirken. Oft stehen sie zu mehr als der Hälfte unter der Wasseroberfläche.

Azaleen

Seite 56-59:
Der Gärtner formt
Bäume und Sträucher,
um den Garten mit
den von Menschen-
hand hergestellten Ele-
menten zu verbinden –
wie etwa dem Haus
oder einer Steinlaterne –
und um gleichzeitig die

Eigenart des Geländes
zu betonen. Durch das
Formen werden die
Pflanzen gewissermaßen
gedeutet. Von vielen
verschiedenen Eigen-
schaften werden diejeni-
gen hervorgehoben, die
am besten zum Garten
passen. (Anmerkung 8.)

Oben: Azaleen   Unten: Buxus microphylla, Buchsbaum

Buxus microphylla,
Buchsbaum

Buxus microphylla,
Azaleen,
Ahorn,
Camellia sasanqua

Azaleen, Buchsbaum

Der Bildhauer Fumio Asakura (1883–1964) gestaltete diesen Garten für den 160 m² großen Bereich zwischen seinem Atelier und seinem Wohnhaus.

Im Wissen darum, daß der Künstler ein Bedürfnis nach Ordnung und Klarheit hat, daß sich der Geist aber mit zunehmendem Alter und öffentlicher Anerkennung verhärten kann, entwarf Asakura seinen Garten, um damit das Nachdenken über diejenigen Prinzipien anzuregen, nach denen gute Menschen ihr Leben ausrichten. Fünf große Steine stehen für fünf konfuzianische Tugenden, und Bäume mit weißen Blüten blühen das ganze Jahr über, um an die Reinheit des Lebens von der Geburt bis zum Tode zu erinnern. Die Unvollkommenheit wird durch eine einzelne Myrte versinnbildlicht. Die ganze Anlage wirkt ausgeglichen, von wo aus immer man sie betrachtet.

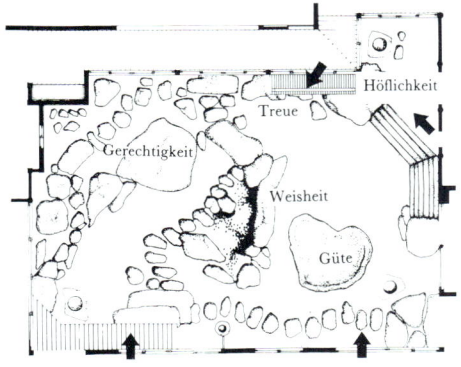

Höflichkeit
Treue
Gerechtigkeit
Weisheit
Güte

Blick vom Atelier aus.
Von der Holzbrücke
aus betrachtet, mit
Blick auf den Stein der
Weisheit.

Vom Haupthaus aus
gesehen, mit Blick auf
den Stein der Gerechtig-
keit.

Vom Gästezimmer aus
gesehen, mit Blick auf
den Springbrunnen.

Die Sprache des japanischen Gartens

Ein Garten, sei es ein westlicher oder ein japanischer, ist wie eine Ansprache; er ist ein Ausdruck mit einer bestimmten Absicht und in einer bestimmten Form. Der Gärtner wählt Pflanzen und dekorative Elemente aus, die ihm gefallen, und arrangiert sie nach den Kriterien, die er für wichtig hält; dabei stellt er vielleicht die Funktion über die Form, die Farbe über die Struktur. Er denkt praktisch und sammelt viele Informationen, ehe er entscheidet; er prüft den pH-Wert seines Bodens, studiert das Klima, untersucht Abflußprobleme, überdenkt die Bedürfnisse seines Haushalts, berechnet Kosten und schätzt den Zeitaufwand, der für die Unterhaltung notwendig sein wird. In dieser Hinsicht sind westliche und japanische Gärtner ziemlich gleich. Unterschiedlich jedoch sind die Sprachen, die ihre Gärten sprechen. Dieser Abschnitt des Buches beschäftigt sich mit der Sprache des japanischen Gartens – mit seinen Worten, das heißt mit den Steinen, Flüssen und Pflanzen, und mit seiner Grammatik, also mit der Art der Anordnung, die die eigentliche Absicht ausdrückt.

Grammatik und Vokabular

Eine Grundlage zur Verständigung

Der japanische Garten ist Natur in mikroskopischem Maßstab. Das bedeutet nicht, daß Natur bloß imitiert wird; eher ist es so, daß die Natur symbolisch dargestellt wird. Durch das Unterlegen einer ›grammatikalischen‹ Struktur entwickelt der Gärtner zusammenhängende Muster mit prägnanten natürlichen Formen. Diese wiederum betonen ihre eigene Wesensart in dem jeweiligen Bedeutungszusammenhang.

Gerade Linien und perfekte geometrische Formen, wie etwa Kreise und Rechtecke, werden selten verwendet, es sei denn als

Zwei Gärten im Hof

Die Gestaltungsmöglichkeiten in einem bestimmten Bereich sind unbegrenzt. Der Gärtner trifft die Auswahl nach seinem Geschmack, entsprechend dem Klima der Gegend, der Bodenbeschaffenheit und gemäß seinem Verständnis der räumlichen Beziehungen, die den Garten charakterisieren. Kleine Gärten erfordern eine besonders sorgfältige Planung, denn auf engem Raum fällt der geringfügigste Fehler, fallen Überwucherungen, Unordnung oder gestörtes Gleichgewicht sehr viel mehr ins Gewicht.

Kontrast oder um die Formen eines in der Nähe befindlichen Gebäudes wiederaufzunehmen.

Bevorzugt werden asymmetrische Designs und Gruppierungen in ungerader Zahl. Da diese nicht gleichmäßig aufzuteilen sind, verhindern sie, daß der Garten allzu vollkommen wirkt und lassen vielmehr an das Ungeordnete der Natur denken.

Gegensätze sind sehr wichtig. Zum Beispiel wird keine lange Reihe roter Blumen gesetzt, nur eine einzige inmitten von viel Grün. Bäume setzt man in gemischten Gruppen – blühende Bäume, immergrüne Bäume, Laubbäume und Bäume mit interessanten Aststrukturen.

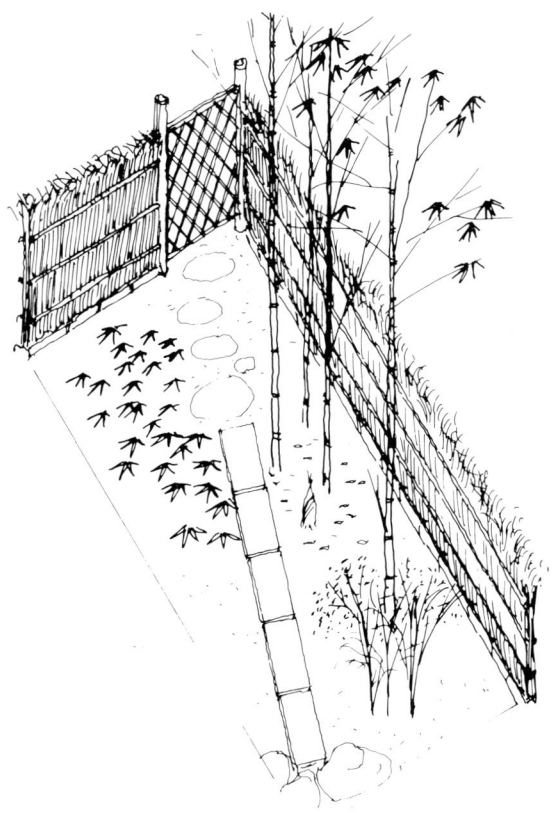

Der Gärtner erinnert an den ständigen Lauf der Zeit, indem er Veränderung und Bewegung in den Garten einplant. Bäume werden entsprechend ihren jahreszeitlich wechselnden Besonderheiten ausgewählt, und dahineilende Gewässer kontrastiert man mit unverrückbar ruhenden Steinen.

Ganz ähnlich wie bei japanischen Tuschzeichnungen werden auch im Garten ›weiße Flächen‹ ausgespart, um ein Gleichgewicht zu schaffen und der Phantasie des Betrachters Raum zu geben.

Ein unruhiger Garten, mit zuviel Bewegung und Farbe, lenkt ein übermäßiges Interesse auf die einzelnen Formen. Der Gärtner beabsichtigt aber einen ganzheitlichen Effekt, bei dem alle Elemente in einem ausgewogenen Verhältnis zueinander stehen, um Stille und Entspannung zu vermitteln.

Alles, was der einheitlichen Wirkung des Gartens abträglich ist, wird weggelassen. Die Ausführung ist erst dann vollkommen, wenn nichts mehr im Garten ist, das entfernt werden könnte.

Einen eigentlichen Aussichtspunkt gibt es nicht. Der Garten hat keinen einzelnen Blickpunkt, sondern viele, die nacheinander auftauchen, wenn man durch den Garten oder um ihn herumgeht. Der ideale Garten ist wie ein Rollbild, das bei allmählichem Abrollen immer wieder eine Überraschung bietet. Ein kleiner Garten dagegen wird im allgemeinen einen zentralen Blickpunkt haben und ein bestimmtes Thema, das von den umgebenden Elementen enthüllt wird.

Man bevorzugt den Eindruck von Feuchtigkeit, wahrscheinlich deshalb, weil in Japan viel Niederschlag fällt. Nach einem Regen sehen Gärten am schönsten aus, denn Nässe bringt die natürliche Patina des Steins zum Vorschein und intensiviert die Stimmung des Betrachters. Der Garten ist ein gutes Beispiel für Beziehungen. Bei der Planung beschäftigt sich der Gärtner mit den Wechselwirkungen der einzelnen Elemente – Farben, Geräusche, Formen und Bewegungen. Er verstärkt ihre Wechselbeziehungen durch kunstvolle Anordunung, durch Verwendung von Zweigen als Rahmen und durch das Spiel mit Perspektiven (Anmerkung 9), um bestimmte Dimensionen zu variieren. Die leichten Veränderungen, die er vornimmt, verbinden alle Elemente des Gartens spürbar miteinander.

Tatsächlich ist die komplizierte, gründlich durchdachte Struktur des Gartens nur eine äußere Hülle. Denn letztlich spricht der Garten seine eigene Sprache. Die Länge der Schatten im Winter, die Samenhülsen, die im Frühjahr den Erdboden bedecken, die Richtung und das Rauschen des Windes – das sind einige von den vielen Dingen, die sich nicht vom Gärtner lenken lassen. Er bemüht sich auch gar nicht, sie künstlich in eine Ordnung zu bringen oder gar zu beherrschen. Sie sind ebenso ein Teil seiner Gartenanlage wie der Felsstein oder die Laterne. Indem er der Natur ihre Freiheit läßt, öffnet der Gärtner sich den neuen Wechselbeziehungen, die sie ihm nahelegt.

Anlage-Planung: Wohin mit dem Stein?

Bei der Planung des japanischen Gartens müssen folgende Faktoren berücksichtigt werden: Standort, Größe und Form, Funktion, Anlagenweise, Raumnutzung und Materialien. Jeder ist ein Teil der Sprache des Gartens, und keiner darf getrennt von den anderen betrachtet werden. Aber es ist sinnvoll, diese Faktoren nacheinander zu behandeln, und sei es auch nur deshalb, um die jeweilige Informationsmenge zu begrenzen. Im folgenden ist von dem Fall eines typischen Hauseigentümers die Rede, der einen großen, moosbewachsenen Stein gefunden hat, den er zum Mittelpunkt seines Gartens machen möchte. Die Zeichnungen zeigen eine einfache Methode, wie man eine asymmetrische Struktur entwickelt, wie man den Garten anlegt und welches der am besten geeignete Platz für den Stein (oder was man sonst gern als Zentrum des Gartens hätte) ist.

1. Der Gärtner fertigt eine Zeichnung von seinem Grundstück an. Er zeichnet seine Terrasse ein und deutet mit kleinen Strichen die Fenster an, um auf allen Stellen hinzuweisen, von denen aus man den Garten sehen kann. Er markiert, wo Norden ist. Er zeigt auf seiner Zeichnung alle Elemente des Geländes oder der Umgebung, die die Gartenanlage beeinflussen könnten. Er vermerkt auch, welche Tätigkeiten im Haus stattfinden. Danach wählt der Gärtner die nordöstliche Seite seines Grundstücks für den Garten aus, vor allem deswegen, weil er möchte, daß der Garten sowohl von der Terrasse als auch vom Wohn- und Eßzimmer aus (wohin die Gäste kommen) gesehen werden kann. Er entschließt sich dazu, einen Zaun aufzustellen, um den Werkzeugschuppen, den er benötigt, zu verdecken und um seinen Kindern einen Platz zum Spielen zu geben. Er hält dafür einen niedrigen Bambuszaun für am besten geeignet, weil durch einen solchen Zaun das aus Süden einfallende Licht nicht abgeschirmt wird und auch der Schatten im Winter nicht zu lang ist.

2. Der Gärtner zeichnet einen detaillierten Plan des Gartenbereiches. Um das gradlinige Rechteck in asymmetrische Teile zu zerlegen, zeichnet er ein Gitter mit neun Feldern (wenn der Garten länger wäre, hätte er vier Linien gezeichnet, um ein Gitter mit fünfzehn Feldern zu erhalten). Die vier eingekreisten Punkte sind Stützpunkte; einer davon kommt für den Stein in Frage.

1. Schritt

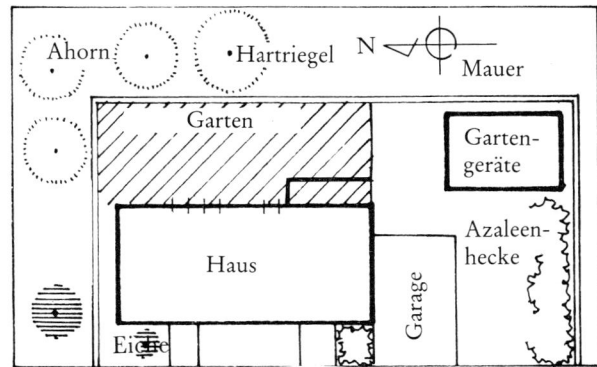

2. Schritt

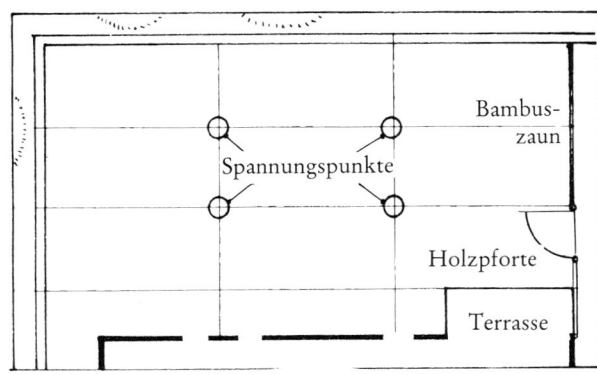

3. Um Kosten zu sparen und sich die Arbeit zu erleichtern, entschließt sich der Gärtner dazu, einen Teil des Gartens ganz frei zu lassen, in beabsichtigtem Gegensatz zu einem Hauptteil, den er bearbeiten will. Um den Garten größer erscheinen zu lassen, wird der Gärtner den Hauptabschnitt möglichst weit vom Aussichtspunkt auf der Terrasse entfernt anlegen. Aber er möchte auch, daß sein Garten von den Fenstern des Eß- und Wohnzimmers aus gesehen werden kann. Er möchte außerdem die Bäume seines Nachbarn, die hoch und dichtbelaubt sind, mit in die Planung einbeziehen. Und er möchte, daß die Bäume, die er pflanzt, im Frühjahr ihre Blüten zum Haus hin richten. Er zieht also, wie hier gezeigt, eine Linie. Der schraffierte Bereich wird der Hauptteil des Gartens werden. Nicht zufällig hat er auch den Platz gefunden, wohin er den Stein setzen wird – dort nämlich, wo er weder für den Hauptteil des Gartens noch für den Garten insgesamt den Mittelpunkt bildet!

4. In seinem Entwurf setzt der Gärtner den Stein mit seiner Vorderseite in die Richtung der Terrasse. Um die geeignete Anordnung anderer Elemente im Garten herauszufinden, sammelt er Haushaltsgegenstände unterschiedlicher Höhe und Form (Kerzenhalter, Spielkarten, Schüsseln) und probiert auf einer Tischplatte verschiedene Zusammenstellungen aus. Wenn er ein Arrangement findet, das sich für den Gartenbezirk eignet – also horizontal und vertikal ausgewogen wirkt –, überträgt er diesen Entwurf auf Materialien, die seiner Vorstellung entsprechen.

5. Der Gärtner fertigt eine Skizze seines Gartens an. Im Laufe der Anordnung der Dinge, Prüfung der Materialien und Entscheidung über bestimmte Anpflanzungen kann sein Entwurf sich ändern. Vielleicht läßt der Gärtner ihn völlig fallen. Aber er hat jetzt etwas, worauf er sich stützen kann, und begreift besser den Charakter seiner Umgebung.

3. Schritt

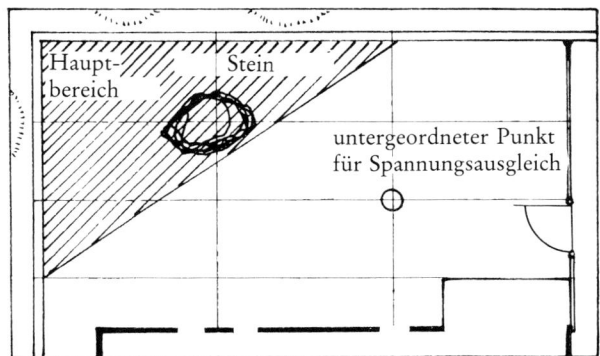

Haupt-
bereich

Stein

untergeordneter Punkt
für Spannungsausgleich

4. Schritt

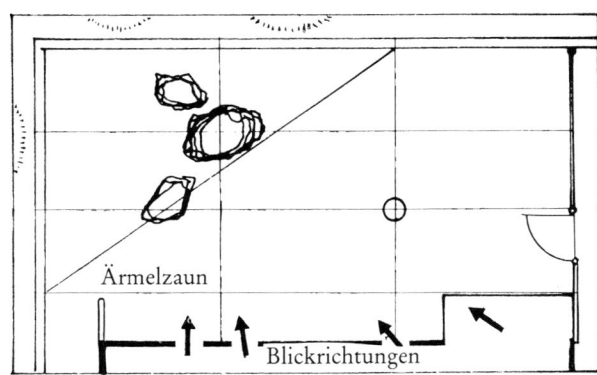

Ärmelzaun

Blickrichtungen

5. Schritt

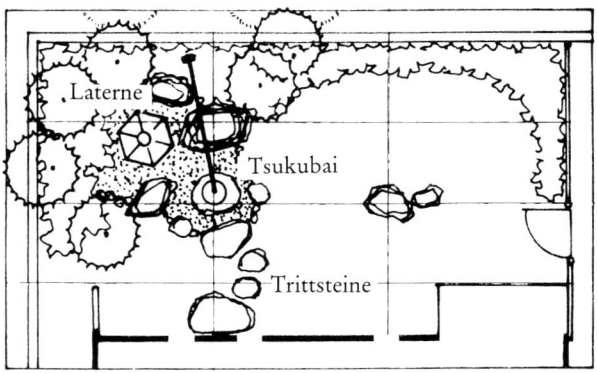

Laterne

Tsukubai

Trittsteine

Steingruppierungen

Die Vielseitigkeit des Steins zeigt sich eindrucksvoll in Japans berühmtestem Tempelgarten, dem des Ryoan-ji in der alten Hauptstadt Kyoto. Fünfzehn recht gewöhnliche Steine in fünf Gruppierungen liegen auf einem Bett von weißlichem Kies innerhalb eines eingefriedeten Hofes. Die Komposition wirkt herausfordernd, aber niemand weiß, was der Gestalter damit ausdrücken wollte.

Steine anordnen

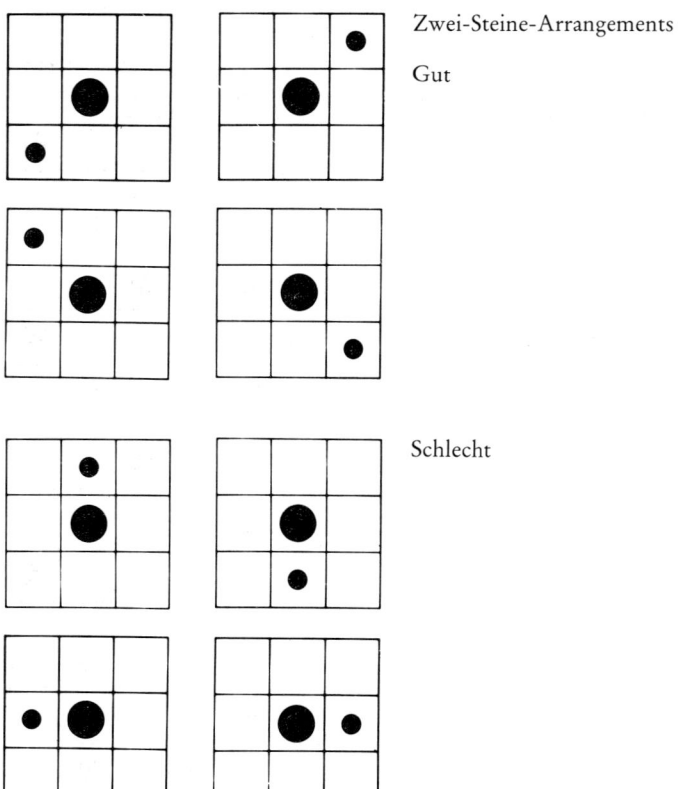

Zwei-Steine-Arrangements

Gut

Schlecht

74

Eine Theorie, die offensichtlich an der konfuzianischen Lehre orientiert ist, besagt, daß der Ryoan-ji-Garten ein phantasievolles, lebensgroßes Steingemälde von Tigern mit ihren Jungen sei, die über einen Fluß schwimmen. Eine andere Theorie deutet den Garten als eine miniaturartige, aber formgetreue Wiedergabe einer Naturansicht mit Inseln, die wie Tupfen in einem weiten Meer liegen oder Bergen, die über Wolken hinaufragen. Aber viele Kommentatoren lehnen derartige Rationalisierungen ab und meinen, der Garten sei einzig und allein wegen seiner Abstraktheit zu

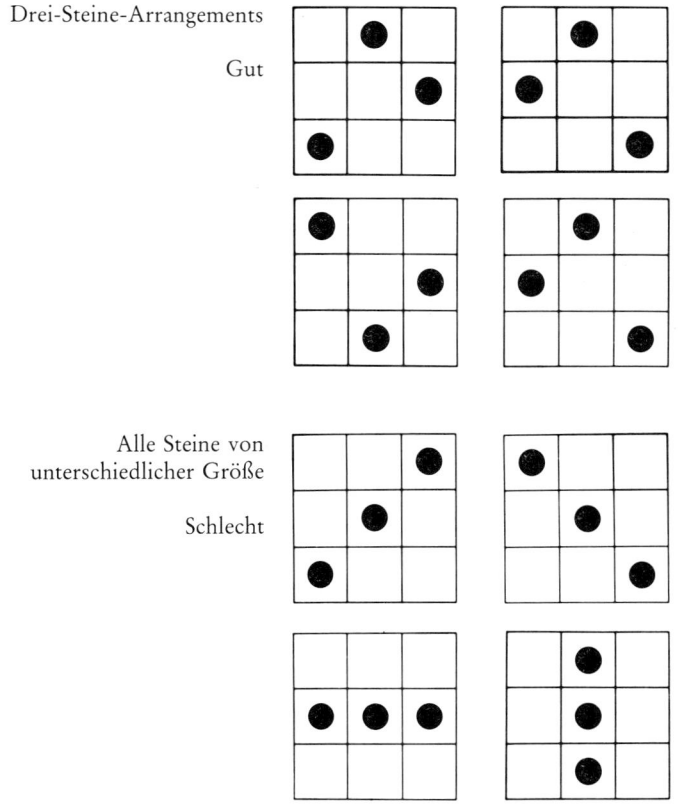

Drei-Steine-Arrangements

Gut

Alle Steine von unterschiedlicher Größe

Schlecht

Steingruppierungen

Streng, aber zugleich herausfordernd symbolisieren Steingruppierungen die zerklüftete Landschaft. In der Anlage ausgewogen, bilden sie einen Kontrapunkt zum kraftvollen Spiel der Jahreszeiten.

Diese Gruppierung hat dadurch Spannung bekommen, daß der große Stein schräggestellt worden ist.

Dieser Stein sieht aus
wie ein Schiff auf See.

bewundern – wegen des dynamischen Gleichgewichts, das durch den Charakter und die Anordnung jedes einzelnen Elementes erreicht wird. Diese Ansicht erklärt wohl am besten, warum der Garten so merkwürdig modern wirkt.

Wie dem auch sei, man findet realistische Steinkonstruktionen von Kranichen und Schildkröten ebenso wie natürlich wirkende Miniaturdarstellungen von Wasserfällen, geheiligten buddhistischen Inseln, Felsklippen und Gebirgen. Und man findet kunstvolle Arrangements, die offenbar nichts weiter beabsichtigen, als zu zeigen, daß völlig unterschiedliche Formen so zueinander in Beziehung gesetzt werden können, daß ein einheitlich wirkender Raum entsteht.

Einerlei, zu welchem Zweck Steine verwendet werden, in einem japanischen Garten sind sie niemals unorganische Haufen funktionsloser Materie. Der alte animistische Shinto-Glaube brachte die Japaner dazu, bestimmte Steine als Wohnsitze von Göttern zu betrachten und sie zu schmücken, um den darin wohnenden Mächten zu huldigen. Es ist wohl nicht ganz abwegig, wenn man hier eine moderne Formulierung gebraucht und sagt, daß das, was die animistisch empfindenden Menschen früherer Zeit in den Steinen verehrten, deren ›Bedeutungsschwere‹ war, eine unsichtbare, aber durchaus gegenwärtige Macht. Der Ryoan-ji-Garten ist eine subtil ausgearbeitete Anlage. Seine Steine stehen in Wechselbeziehung zueinander; sie ziehen einander an, und zwar auf so vollkommene Weise, daß keiner von ihnen entfernt werden kann, ohne das Gleichgewicht der ganzen Komposition zu stören. Auch im eigenen Garten läßt sich eine gute Wirkung erzielen, nachdem man diese ›Strahlungskraft‹ auszunutzen gelernt hat, die den leeren Raum um den Stein herum durchdringt.

Nicht jeder beliebige Stein wird im japanischen Garten verwendet. Bevorzugt werden unbearbeitete, vom Einfluß der Witterung zeugende Steine mit bestimmten Eigenschaften, die mit der Gegend zusammenhängen, aus der sie stammen: Sie mögen von Flüssen und Ozeanen geglättet oder oberflächlich poliert oder von heftigen Sturmwinden ›angenagt‹ worden sein. Vielleicht haben sie dadurch eine Färbung angenommen, die Ruhe und Festigkeit ausstrahlt.

Besonders geschätzt werden Steine, die einen Rostton aufweisen oder die mit Moos bewachsen sind. Nicht verwendet werden kreisrunde oder rechteckige Steine, ebensowenig wie mechanisch aufpolierte Steine, die die Patina des Alters verloren haben. Die besten Farben sind Schattierungen von grünlichem Blau, Braun, Rot oder Purpurrot. Weiße Steine finden wenig Interesse, und unharmonische Farbzusammenstellungen werden ebenfalls vermieden.

Ein Stein hat Kanten und Winkel, die gemeinsam eine Richtung angeben, in die seine Kraft zu strömen scheint. Gartenfachleute mit langjähriger Erfahrung können, wenn sie um einen Stein herumgehen, auf Anhieb feststellen, welche Seite ›vorn‹ oder ›das Gesicht‹ ist, das heißt, welche Seite dem Betrachter des Gartens präsentiert werden soll. Um die physischen, inneren Eigenschaften eines Steins selbst herauszufinden, stellt man zunächst fest, wo der Schwerpunkt liegt; danach stellt man sich auf der Vorderseite des Steines das Erdniveau allmählich immer höher vor, um zu erkennen, wie sich der Schwerpunkt verlagern wird, wenn man den Stein in die Erde gräbt.

Eine ausgewogene
Sanzon-Gruppierung in
einer Lichtung.

Massig wirkende Steine
geben dem Garten ein
stabilisierendes Element.

Gestaltungsprinzipien

Steine sind das stabilste Element einer Anlage. Das Sakuteiki, ein Gartenhandbuch aus dem Japan des 11. Jahrhunderts, beschäftigt sich ausführlich mit der richtigen Anordnung von Steinen; es warnt sogar vor einer schlechten Zusammenstellung, wie sie dem unfähigen Gestalter Unglück bringen könne. Diese Warnung sollte auch heutzutage nicht in den Wind geschlagen werden. Fehler bei der Anordnung von großen Steinen zu korrigieren, ist harte Arbeit, und wenn man einen Stein bewegen muß, kann das bedeuten, daß man die Stellung sämtlicher Steine verändern muß. Das wäre dann tatsächlich ein Unglück. Am besten wählt man die Steine erst dann aus, wenn man sich entschieden hat, wie und wo man sie verwenden will. Eine listige Entscheidungshilfe: einen Müllsack aus Kunststoff mit Luft füllen und Teile davon mit Gummibändern abbinden – das sind die ›Steine‹, die jetzt nach Form und Anordnungsmöglichkeit getestet werden.

Anordnung im Dreieck

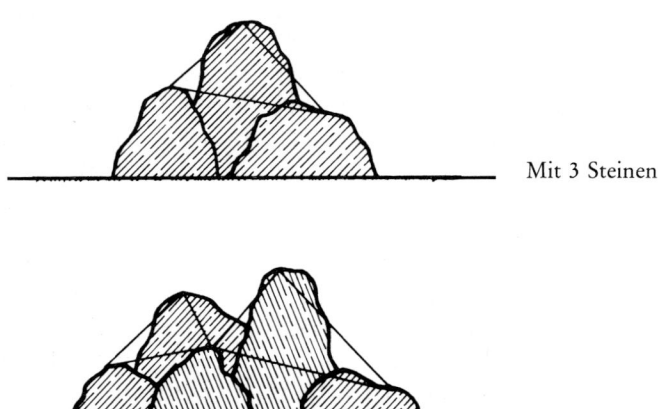

Mit 3 Steinen

Mit 5 Steinen

Wenn man mehr als zwei Steine hat, arrangiert man sie im allgemeinen in Gruppen mit ungeraden Zahlen: drei, fünf oder sieben. Solche Gruppierungen werden oft in Untergruppen von zwei oder drei eingeteilt. Verwendet man also zum Beispiel sieben Steine, so wird man sie in Gruppierungen von drei, zwei und wieder zwei Steinen oder von zwei, drei und zwei Steinen aufteilen. Die Dreiecks-Gruppen mit einem hohen Stein in der Mitte und zwei kleineren, die ihn, wegen der Ausgewogenheit, flankieren – diese Gruppierung wird Sanzon genannt –, ist ein traditionelles Arrangement, das oft zur Darstellung eines Wasserfalles verwendet wird. Die Form leitet sich von der buddhistischen Drei-Körper-Lehre her; abgesehen von der religiösen Bedeutung erlaubt sie dem japanischen Gärtner, die Natur zu formen, ohne sie künstlich aussehen zu lassen. Man braucht dies allerdings nicht strikt einzuhalten. In Gruppierungen von mehr als drei Steinen können etliche Steine kombiniert werden, um eine Art Gipfel zu bilden, oder sie können als Überlagerung von mehreren Dreiecken aufgebaut werden. Manchmal kann die Spitze auch ganz weggelassen werden – sie wird während der Kontemplation vom Betrachter in seiner Phantasie ergänzt. Bemühen Sie sich um Vielfalt! Nicht Steine von gleicher Höhe, Form oder Gewichtigkeit nebeneinander plazieren, vielmehr die natürlichen Eigenschaften des Steins sprechen lassen; einen zerklüfteten Felsbrocken nicht zur Rolle des glatten, aus dem Fluß oder vom Strand stammenden Steines zwingen! (Anmerkung 10.)

Eine Steingruppierung, auch wenn sie als Mittelpunkt des Interesses gedacht ist, sollte nicht genau in der Mitte des Gartens stehen. Vor einer Rückwand aufgestellt, wird sie den Garten vielleicht beengt wirken lassen; wenn sie aber ein kleines Stück vor der gedachten Mittellinie angelegt wird, läßt sie die Entfernung zum Hintergrund weiter erscheinen.

Hier werden einige typische Arrangements von zwei und drei Steinen gezeigt. Zu beachten ist, daß Steine immer in einer Diagonalen stehen. Die Basis der gesamten Anlage bildet im allgemeinen eine Parallele (oder jedenfalls beinahe) zum vorderen Teil des Gartens, und alle Steine sind so aufgestellt, daß ihre Kraft in die gleiche Richtung fließt.

Dieses Arrangement
erinnert an Hügel mit
abstrakten Formen.

Bewuchs auf Steinen
bewirkt den Eindruck
der Tiefe und macht die
Konturen weicher.

Das Setzen der Steine

Ein großer Teil des Steins ist oft unter der Erdoberfläche verborgen. Der Stein wirkt so, als sei er schon immer im Garten gewesen und dehne sich unter der Erde weiter aus. Steine, die nicht breit im Boden lagern und aussehen, als würden sie gleich umfallen, erzeugen ein Gefühl von Angespanntheit; beeinträchtigen damit die Ausgeglichenheit, die man im Garten gern haben möchte. Wo eine angemessene Plazierung nicht möglich ist, verdeckt man am besten diesen Mangel mit Buschwerk oder Gras. (Anmerkung 11.)

ausgeglichen   instabil

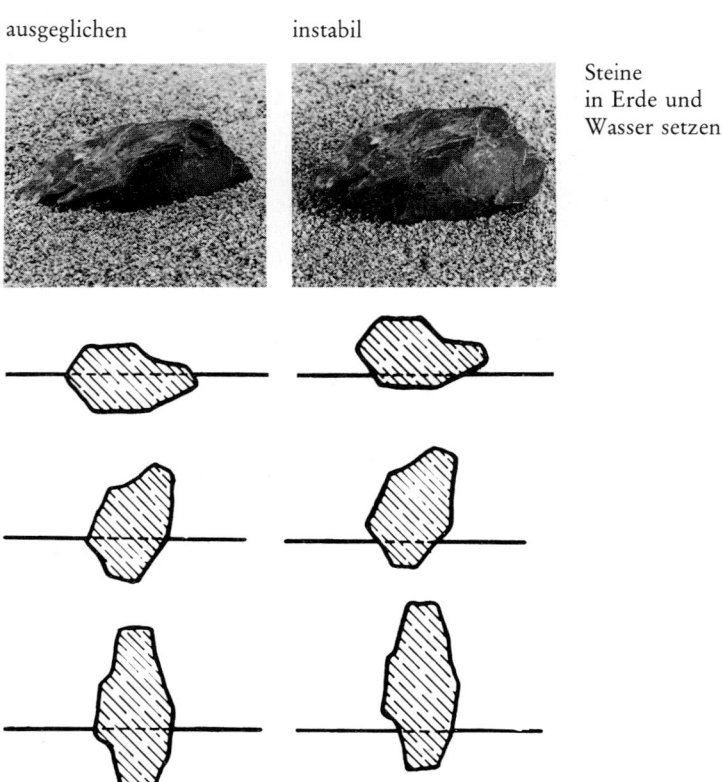

Steine
in Erde und
Wasser setzen

Pflanzen, die zwischen Steinen oder um sie herum wachsen, brauchen im Sommer wegen der sengenden Hitze besonders viel Wasser.

Steine können auch in einen Teich gesetzt werden, auf ein Lager aus kleineren Steinen oder Ziegelsteinen. Als niveaubestimmend gilt dann die Wasserlinie; entsprechend wird der Stein eingesetzt.

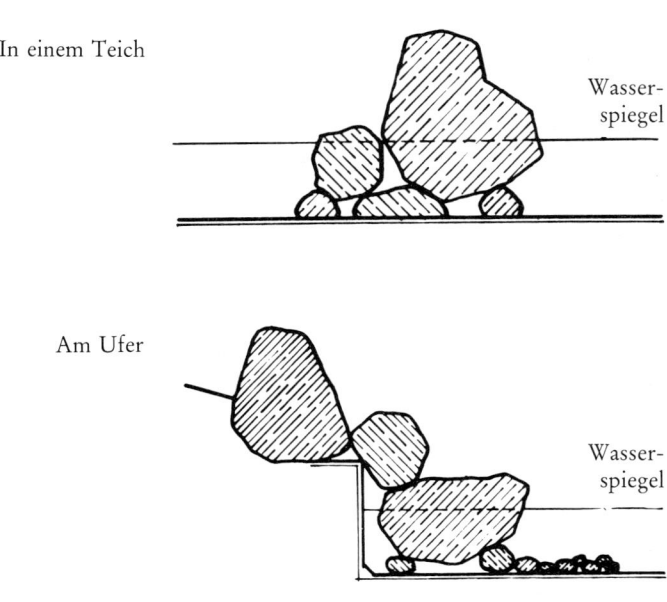

In einem Teich

Wasser-
spiegel

Am Ufer

Wasser-
spiegel

Eine Brücke betont die Anlage im Hintergrund.

Eine steile, zerklüftete Schlucht.

Rechte Seite: ›Wasser‹ stürzt kaskadenartig ein lang-gestrecktes Gebirgstal hinunter.

Trittsteine, Steinpflasterungen, Sandgärten

Trittsteine

Trittsteine in Gärten wurden von Meistern der Teezermonie im 16. Jahrhundert angelegt, um den Zugang zu ihren Teeräumen zugleich praktisch und attraktiv zu machen. Gäste, die zur Teezeremonie eingeladen waren, warteten zunächst in einem anliegenden Garten und gingen dann, wenn ihr Gastgeber sie hereinbat, im Gänsemarsch durch einen inneren Gartenteil zum Teeraum. Wenn sie bis dorthin gekommen waren, konnte man erwarten, daß sie den Grad seelisch-geistiger Verfeinerung erreicht hatten, den sie benötigten, um an der delikaten, bedachtsamen Zeremonie innerlich vorbereitet teilnehmen zu können. Der Teegarten war also die erste Phase der Teezeremonie, und jedes einzelne Element war dazu gedacht, Ablenkungen zu vermeiden und innere Harmonie zu erzeugen.

Trittsteine tragen auch heute noch wesentlich zum Gesamteindruck des Gartens bei. Sie verhindern das Ausgleiten auf schlüpfrigem Moos und das Beschmutzen von Schuhzeug und Kimono (oder langen Kleidern) und bieten eine feste Fläche, auf der man ruhig und sicher gehen kann. Außerdem tragen sie ein ästhetisches Element bei: Der Weg wird nicht unansehnlich, ausgetreten und schmutzig, und das im allgemeinen asymmetrische Arrangement der Steine deutet auf die naturbelassene Anlage des übrigen Gartens hin. Und da ein Gast natürlich auf den Steinen geht und nirgendwo anders, bietet der Weg dem Gastgeber auch die Möglichkeit, schöne Aussichtspunkte unaufdringlich vorzuführen. Bearbeitete oder unbearbeitete Steine mit glatter Oberfläche werden tief in den Boden versenkt. Die Längsachse jedes Steines sollte senkrecht zum Weg stehen; wo der Weg eine Biegung macht, sollte der im Drehpunkt liegende Stein mit seiner Achse in die gleiche Richtung zeigen. Konkave Formen sollten mit konvexen abwechseln und flache Kanten einander folgen, um dem Weg einen ständigen Bewegungsfluß zu geben. Die Steine zueinander in das richtige Verhältnis zu bringen, bis der Weg den beabsichtigten Verlauf nimmt, das ist oft eine Arbeit, die lange probiert werden muß; aber das geht allmählich schneller, wenn das Auge erst einmal trainiert ist. Je weiter die Steine voneinander entfernt liegen, desto rascher wird man gehen wollen, und je näher, desto langsamer. Immer sollte man bedenken, was der Spaziergänger vor sich auf dem Weg sehen wird – so bemüht man sich ganz von selbst, interessante Aussichtspunkte und Ruheplätze zu schaffen.

Trittsteine können auch im Wasser verlegt werden; wichtig ist dann, daß man leicht darauf gehen kann und daß sie sorgfältig befestigt werden, notfalls mit Beton.

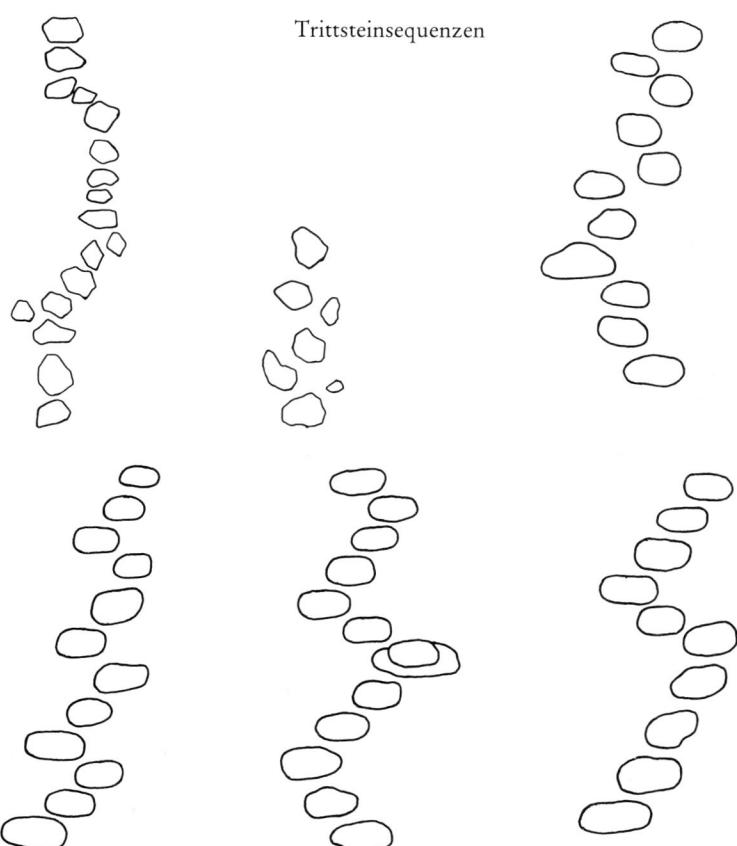

Trittsteinsequenzen

Trittsteine, Steinpflasterungen, Sandgärten

Trittsteine und Pflasterungen werden für Menschen angelegt und bestimmen Gehtempo und Perspektive; deshalb entscheiden sie auch darüber, ob ein Garten bewundert oder bloß durchgesehen wird. Zu Sandgärten s. Seite 98. (Anmerkung 12.)

Der Weg macht eine Biegung, wo eine Laterne sichtbar wird.

Diese Steine haben
ähnliche, aber nicht
gleiche Form.

Steinpflasterungen

Pflasterungen aus bearbeiteten Steinen in regelmäßigen Formen wurden in japanischen Gärten erst später verwendet und sind heute oft zu sehen. Sie wirken besonders gefällig auf einer weiten, offenen Fläche, wo sie nicht mit dem Naturalismus und der Asymmetrie typischer Gartenelemente kollidieren. Aber heutige japanische Gartengestalter haben inzwischen gelernt, auch auf engem Raum die den Steinen innewohnende Geometrie mit einem groben Naturalismus zu vereinigen, wobei sie eine angenehme Form von Modernität schaffen, die das Gebäude in westlichem Stil mit dem Garten verbindet und traditionelle Werte neu belebt, ohne sie zu zersplittern. Meist werden auch kleine Kniffe angewandt, um die Regelmäßigkeit der Steinanlage zu durchbrechen. So vermeidet man beispielsweise quadratische Kreuzungen, variiert Formen und Größen und setzt hier und dort Moos oder Pflanzen zwischen die Steine.

Im allgemeinen gilt: je größer die Steine, desto mehr Raum dazwischen. Für Ziegel- und kleinere Steine genügt ein Zwischenraum von etwa 10 mm. Steine von einiger Mächtigkeit verlangen tiefe Fugen, die nicht mit Erde aufgefüllt werden. Flache Steine muß man vielleicht in Mörtel festlegen, damit sie nicht wegrutschen. Schiefer ist leicht erhältlich, aber auch anderes Material kann verwendet werden: natürlicher oder künstlicher Stein, Ziegelstein, sogar Beton. Eine weitere Variation ergibt sich, wenn man als Drehpunkt einen großen, flachen, natürlichen Stein nimmt.

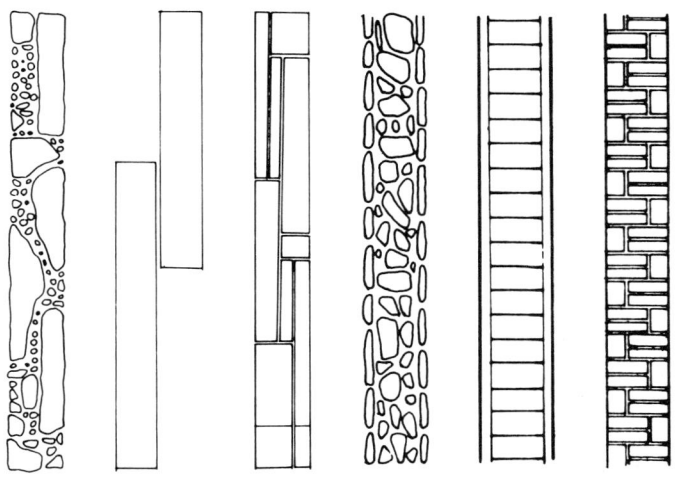

Muster für Pflaster

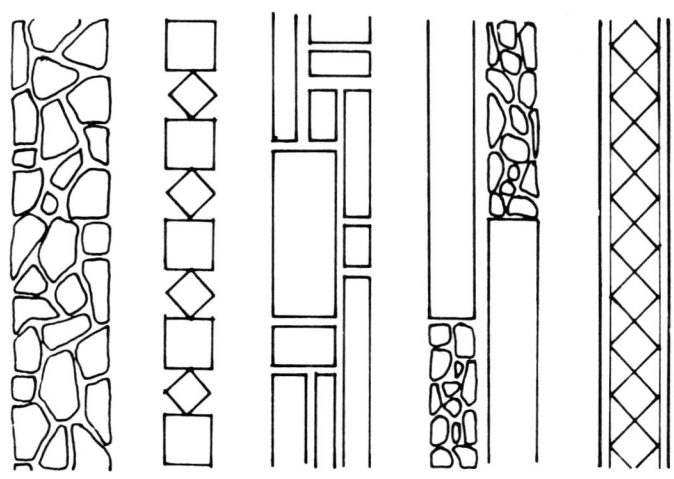

95

Bearbeitete und natürliche Steine erzeugen ein angenehmes Spannungsverhältnis.

Gebogene Formen und Moosbewuchs sorgen für Vielfältigkeit.

Linke Seite: Manchmal sind die Steine fast völlig eingegraben.

97

Sandgärten

Der in japanischen Gärten benutzte ›Sand‹ ist kein Strandsand, sondern verwittertes, erodiertes Granitgestein, das sich als Kies unter Felsklippen sammelt. Dieser Sand kommt in verschiedenen Schattierungen von Weiß und Grau mit rötlichem Braun oder schwarzgefleckt vor. Die Partikel haben im allgemeinen einen Durchmesser von etwa 2 mm. Was die Farmer in den USA als Zuschlag im Futter ihren Truthähnen und Hühnern verabreichen, hat genau die gleiche Körnung. Sand wurde schon früh beim Gartenbau verwendet, um zu verhindern, daß die Füße schmutzig

 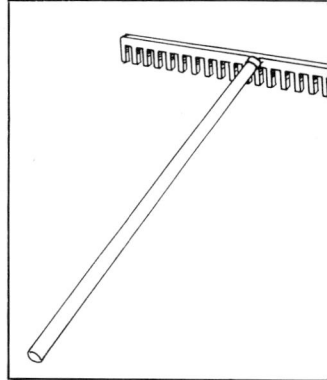

wurden. In späteren Jahren wurde die karge Reinheit des Sandes von Zen-Meistern für die Entwicklung von Gärten genutzt, die philosophische Themen zur Grundlage hatten. Sand im heutigen Garten stellt meist Wasser dar, und man harkt kleinere und größere Wellenmuster hinein, um die Wirkung zu erhöhen.

Sand ist ein karges, empfindliches Material, und die meisten Sandgärten sind zwangsläufig windgeschützte Anlagen, die allein zum Betrachten bestimmt sind. Sie erzielen den Eindruck von Weite auf kleinem Raum, aber für den täglichen Gebrauch sind sie nicht besonders geeignet.

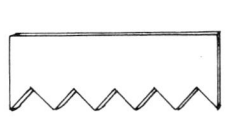

Typische Holzrechen, mit denen man Sand-muster macht.

Die gerade Linie
wird durch unregelmäßige
Steine aufgelockert.

Kreuzungen
werden sorgsam
vermieden.

Wahrscheinlich wird man es praktischer finden, Sand nur in einem begrenzten Bereich des Gartens zu verwenden, etwa innerhalb einer Ziegel- oder Steineinfassung um Bambus herum, was die Senkrechte des Rohrs noch betont, oder bei anderen Pflanzen, um unerwünschten Bewuchs zu unterbinden und die Pflege zu vereinfachen. Vermeiden sollte man die Verwendung von Sand in Rasennähe: die Sandkörner schaden den zarten Halmen. Lichtfarbener Sand an sonnigen Orten hat eine unangenehm blendende Wirkung; aber der gleiche Sand hellt einen Garten, der innerhalb des Hauses oder an dessen Nordseite liegt, angenehm auf.

Der Sand wird auf festgestampfter Erde etwa 5–6 cm hoch gestreut. Einer starken Verschmutzung läßt sich durch eine zuvor

aufgebrachte dünne Betonschicht vorbeugen um Wasser abfließen zu lassen, muß der Beton schräg angelegt werden. (Noch einfacher: Kunststoffbahnen auslegen und Löcher hineinbohren.) Im Sandgarten wirken immergrüne Pflanzen am besten. Sie sorgen das ganze Jahr über für den notwendigen Kontrast und bieten weniger Pflegeprobleme; Blätter von Laubbäumen, zum Beispiel, fallen im Herbst ab und müssen einzeln aus dem Sand aufgehoben werden. Einige Beispiele für Sandmuster werden auf dieser Seite gezeigt. Unter günstigen Wetterbedingungen bleibt ein Muster etwa zwei Wochen lang im Sand. Sprühen Sie Wasser auf den Sand, um den Eindruck noch zu steigern, und geben Sie von Zeit zu Zeit neuen Sand hinzu.

Ein regelmäßig
angelegter Weg
endet jäh in einem
Meer aus Moos.

Holzlatten
lassen an eine
Brücke in dichtem
Wald denken.

Nasse Steine
intensivieren die
Stimmung dieses
Gartens.

Steinlaternen, Steintürme, Stein-Buddhas, Wegweiser

Steinlaternen

Steinlaternen sind, wie auch die Trittsteine, von Teemeistern in den japanischen Gärten eingeführt worden. Teezeremonien fanden häufig abends statt; deshalb mußte für Licht gesorgt werden, damit die Gäste durch den Garten den Weg zum Teeraum fanden. Heutzutage dienen Laternen vorwiegend als Dekoration, doch ihre frühere Funktion als Lichtspender wird immer noch insofern wahrgenommen, als man sie nie dort aufstellt, wo man kein Licht brauchen würde. Konventionelle Aufstellungsorte sind deshalb: eine Wegbiegung, der Rand eines Teiches oder das Ufer eines Flusses, nahe bei einer Brücke oder beim Tsukubai (Wasserbehälter, s. Seite 118–131). Eine Laterne ist gewöhnlich das Hauptelement der Gruppierung, wobei verstreut liegende Steine für eine Art Höhenausgleich sorgen. Manchmal steht ein Baum dahinter, der einen seiner Zweige über der Laterne ausbreitet.

Früher wurden die Laternen nach dem Vorbild der Hängelaternen in den Tempeln und aus Bronze hergestellt. Daß die Japaner allmählich begannen, Stein- und Holzkonstruktionen vorzuziehen, beweist ihre Liebe zu natürlichen, einfachen, stofflichen Materialien. Weiche, rauhe Steine hat man am liebsten; allerdings werden sie leicht durch Witterungseinflüsse beschädigt. Man kann auch härtere Steine benutzen, aber sie sind schwer zu behandeln, mühsam zu bearbeiten und kosten entsprechend mehr. Laternen aus Kunstharzen werden oft auf Dächern oder Balkonen verwendet, die nicht viel Gewicht tragen können. Obgleich sie weniger kostspielig sind als natürlicher Stein, sind die künstlichen Materialien entschieden minderwertiger hinsichtlich der Ausstrahlungskraft; ein erfahrenes Auge kann den Unterschied schnell erkennen. Wenn etwas Schwergewichtiges vielleicht nicht in den Garten paßt, wäre zu überlegen, ob man nicht auf eine Laterne aus sehr leichtem Bimsstein ausweichen oder sogar eine aus Holz anfertigen sollte. Auch aus Beton gegossene Laternen kann man bekommen; aber da der Garten vermutlich nur eine einzige Laterne braucht, warum da ein anonymes Einheitsfabrikat nehmen?

Laternen gibt es in vielen verschiedenen Stilformen. Einige sind den Laternen in buddhistischen Tempeln nachgebaut, andere von Teemeistern für ihre eigenen Gärten entworfen worden, unter denen der Rikyu-, der Oribe-, der Enshu-, der Kasuga- und der Sowa-Stil besonders bekannt sind. Laternen können folgendermaßen klassifiziert werden:

Tachi-gata-Steinlaterne,
durch Begleitpflanzung und zugefügten Stein
ins Gleichgewicht gebracht

Steinlaternen, Steintürme, Stein-Buddhas, Wegweiser

Steinornamente sehen nach Menschenwerk aus; aber eben dies macht, als geschmackvolle Dekoration, den Garten menschlich. Und da die steinernen Figuren als Lichtquelle, Wegweiser oder Andachtsort dienen, verhelfen sie dem Garten auch zu einer Funktion im alltäglichen Leben.

1 Oki-gata-Laterne
2 Tachi-gata-Laterne
3 Tachi-gata-Laterne
4 Yukimi-gata-Laterne
5 Yukimi-gata-Laterne
6 Ikekomi-gata-Laterne

1   2

3 4

5 6

Oki-gata (kleine Laternen). Meistens findet man sie am Rand eines Teiches, am Wegrand oder in sehr kleinen Gartenhöfen. Da sie sehr klein und recht bescheiden sind, kann man sie problemlos verwenden.

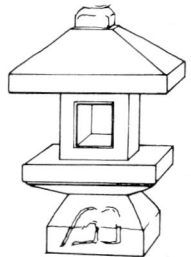

Tachi-gata (Sockellaternen). Sie werden hauptsächlich in großen Gärten aufgestellt und sind im allgemeinen etwa 1,50 m hoch, manchmal sogar bis zu 3 m. Laternen von dieser Größe haben eine dominierende Wirkung und werden naturgemäß zum Blickpunkt des ganzen Gartens. Sowohl Raumprobleme als auch die Kosten für den Stein haben dazu beigetragen, daß solche Laternen aus privaten Gärten verschwunden sind.

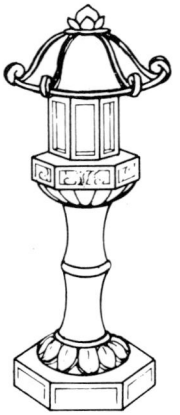 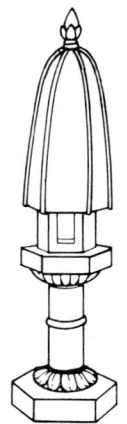 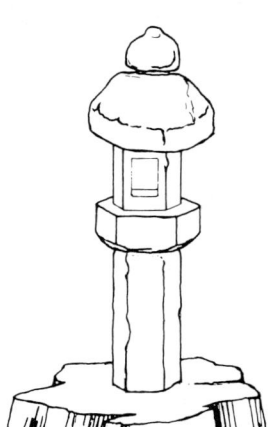

Yukimi-gata (Schneebetrachtungs-Laternen). Diese Form ist am populärsten; sie wird in Wassernähe aufgestellt. Ihre geringe Höhe und der hochbeinige Stand haben etwas Gemütliches, Leichtes, das man auf kleinem Raum schätzt. Ihren Namen haben sie von der anmutigen Art und Weise, wie sie den Schnee auf ihrem Dach tragen. Man bekommt sowohl sechseckige als auch runde Dachformen.

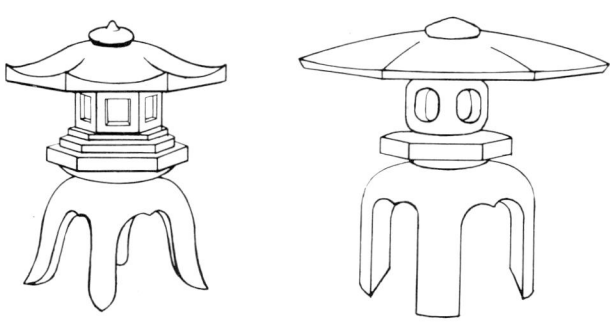

Ikekomi-gata (eingegrabene Laternen). Ihnen fehlt der Sockel, weil der Schaft direkt in die Erde gesenkt wird. Sie werden oft in der Nähe des Tsukubai aufgestellt, doch sehen diese eingegrabenen Laternen überall im Garten schön aus.

Oki-gata-Laterne

Oki-gata-Laterne

Stein-Buddha

Links:
Turm
mit dreizehn
Etagen.

Rechts:
Turm
mit einem
Sockel aus
behauenem
Stein.

Wegweiser
an einer
Abzweigung.

Wie bei allen Aspekten der Gärtnerei ist man auch hier gut beraten, wenn man sich um Einfachheit bemüht. Eine sehr fein gearbeitete Laterne ist schwierig herzustellen und kostspielig, daher für einen normalen Hausbesitzer kaum erschwinglich. Wer sich in seiner Umgebung einmal gründlich umsieht, entdeckt vielleicht sogar Steine, die sich behelfsweise zu einer Laterne zusammenbauen lassen. Wenn es um die Frage geht, ob sie auch gut aussieht, denke man vor allem daran, daß sie eher rustikal als ungeschlacht wirken sollte.

Nachts sollte die Laterne lieber einige wenige Punkte im Garten beleuchten, anstatt die gesamte Umgebung flutlichtartig anzustrahlen. Deshalb richtet man die Vorderseite des Lichtgehäuses auf den Aussichtsbereich oder auf den Tsukubai oder man läßt Licht auf eine Steinformation oder einen Gehweg fallen. Laternenlicht, das durch Blätter schimmert, erzeugt in einer Sommernacht genau die richtige Stimmung. Heute verwenden viele Leute im Lichtgehäuse elektrische Beleuchtung, aber vielleicht findet man selbst eine Kerze viel wirkungsvoller und auch einfacher einzubauen. Um das Licht zu dämpfen, kann man Papier oder Milchglas benutzen.

Laternen (wie auch andere hohe Gegenstände) sollten auf Stein- und Betonfundamenten stehen, die etwas über die Frostgrenze hinabreichen. Eine Sockellaterne wird direkt auf das Fundament gesetzt und die Grube bis zur halben Fundamenthöhe mit Schutt verfüllt. Das Fundament für eine eingegrabene Laterne wird niedriger ausgeführt, so daß nachher der Schaft ein gutes Stück im Erdboden steckt. Darauf achten, daß die Laterne genau senkrecht steht! Für zusätzliche Stabilität sorgen flach gegen den Schaft in der Grube gelegte Ziegelsteine oder Kacheln; auch ein Brett kann man dazu nehmen.

Steintürme

Steintürme, deren Vorbild die indischen Stupas waren, sind heute ausschließlich ein dekoratives Element im Garten; in früheren Zeiten wurden sie dazu benutzt, eine bestimmte geistig-seelische Atmosphäre zu schaffen. Sie haben immer eine ungerade Anzahl von Etagen; die tragenden Elemente sind meistens viereckig, obwohl man auch sechseckige, achteckige und runde sehen kann. Für einen kleinen Garten dürfte ein fünfstöckiger Turm genügen.

Die Aufstellung ähnelt sehr derjenigen der Laterne. Am Tsukubai, in der Nähe von Brücken, Teichen und Flüssen sehen Türme besonders gut aus, nicht nur wegen des kunstgerechten Gegensatzes von horizontalen und vertikalen Elementen, sondern auch deshalb, weil Türme die Spiegelungsfähigkeit des Wassers so gut zeigen. Höhere Türme sieht man oft auf künstlichen Miniaturhügeln und Bodenerhebungen stehen. Nicht so gut wirken Türme im Zusammenhang mit schlanken Elementen, die ebenfalls die Aufmerksamkeit des Betrachters auf sich ziehen, aber schön sehen sie vor Zäunen, neben massigen Ziersteinen und dickstämmigen Bäumen aus. Halb verborgen in einem Gehölz, wirken sie wie Bergtempel.

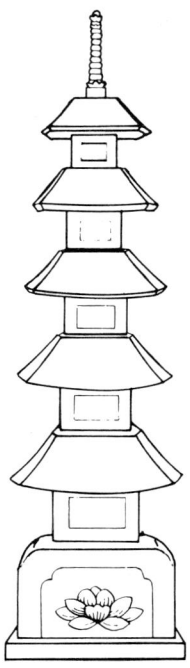

Stein-Buddhas

Kleine buddhistische Götterfiguren werden seit langer Zeit als Andachtsgegenstände benutzt, und man sieht sie häufig in Gärten, die zum Bereich eines Tempels gehören. Die meisten Figuren in Privatgärten sind Reproduktionen, und wenn es sich dabei nicht um sakrale Gegenstände handelt, so spiegeln sie doch zumindest die religiöse Neigung der Familie wider, ähnlich wie Jesus- oder Marienstatuen in manchen westlichen Gärten. Deshalb ist Takt angebracht, wenn schon nicht wegen des steinernen Buddha, so doch aus Respekt gegenüber den Millionen Menschen, die an seine Wirkkraft glauben. Setzen Sie den Buddha an einen unauffälligen Ort und beleuchten Sie ihn nicht! Die Standardhöhe beträgt etwa 40–50 cm.

Wegweiser

Wegweiser werden in einem deutlich sichtbaren Teil des Gartens aufgestellt und können als Ersatz für die Steinlaterne dienen. Man sieht sie oft an der Biegung von Gartenwegen oder in einem tiefer gelegenen bepflanzten Bereich. Ein Wegweiser, der an einer Biegung oder Gabelung aufgestellt ist und darüber informiert, was zur Rechten und was zur Linken liegt, kann eine geschmackvolle Art und Weise sein, Besucher durch den Garten zu führen. In Japan werden Richtungshinweise in geschnitzten Schriftzeichen gegeben, die man von oben nach unten liest.

Tsukubai, Shishi Odoshi

Tsukubai

Das Tsukubai oder Wasserbecken ist ein weiterer Beitrag der Teemeister zur japanischen Gartenanlage. Von den Gästen erwartete man, daß sie rein an Leib und Seele den Teeraum beträten. So bot der Teemeister einen Garten an, damit man seinen Geist entspannte, und einen Krug Wasser, damit man sich die Hände waschen konnte. Dieser Krug entwickelte sich zum Tsukubai. Die hier als Beispiele gezeigten Grundrisse sind zwei von vielen, die im Laufe der Zeit entstanden. (Anmerkung 13.)

Die geringe Höhe des konventionellen Tsukubai – zwischen 20 cm und 30 cm – mag unbequem erscheinen. Doch das ist durchaus beabsichtigt, denn diese geringe Höhe führte zu einer demütigen Haltung bei denen, die an der Teezeremonie teilnehmen wollten, weil sie gezwungen waren, sich beim Waschen zu bücken (daher auch der Name, der von ›tsukubau‹, sich verbeugen, niederkauern, kommt). Der obere Rand mancher Tsukubai ist sogar bodenbündig. Allerdings sind auch Becken von 50–60 cm Höhe nicht außergewöhnlich.

Tsukubai mit Becken am Seeufer

Querschnitt der Anlage

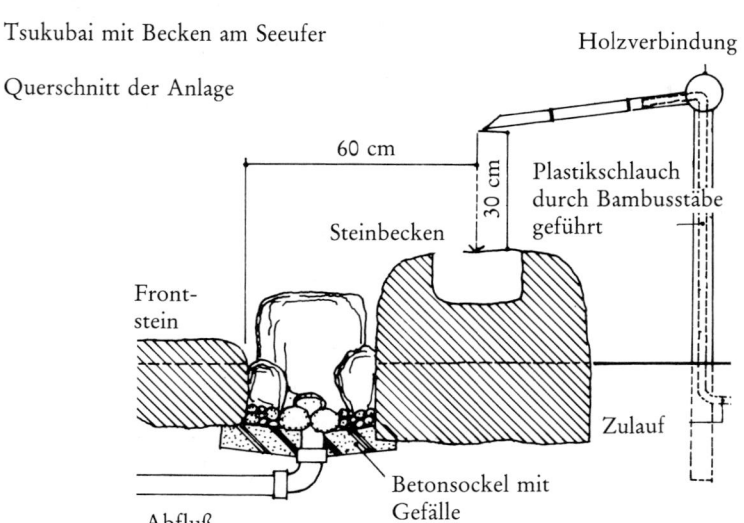

Holzverbindung

60 cm

30 cm

Plastikschlauch durch Bambusstäbe geführt

Steinbecken

Front-stein

Zulauf

Abfluß

Betonsockel mit Gefälle

Frontalansicht

Steinbecken

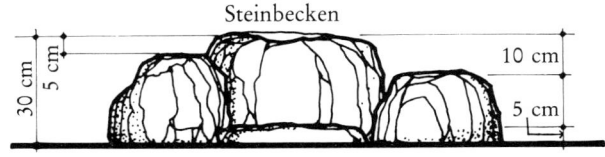

30 cm 5 cm 10 cm

5 cm

Aufsicht

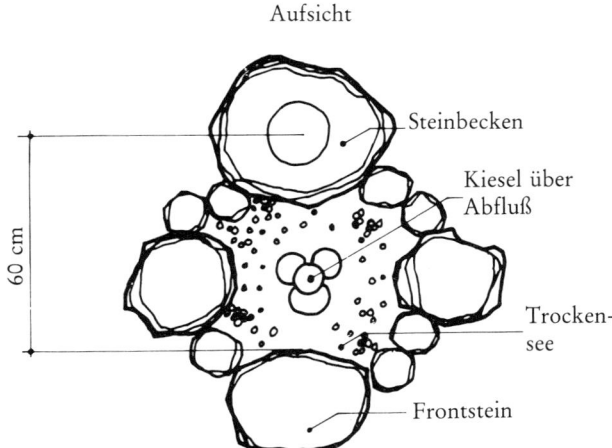

Steinbecken

Kiesel über
Abfluß

60 cm

Trocken-
see

Frontstein

Querschnitt des Steinbeckens

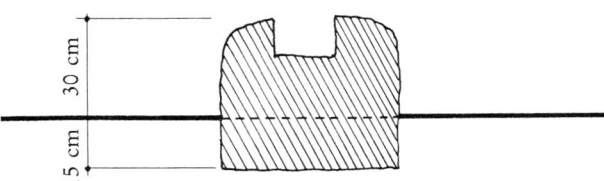

30 cm

15 cm

119

Tsukubai, Shishi Odoshi

Im Garten hält man einen Vorrat an Wasser, in Erinnerung an ein altes Reinigungsritual. Ein Mann richtet sich auf, nachdem er getrunken hat, und hört das Klappern von Bambus; der Ton durchdringt den Garten und wird allmählich schwächer. Die Zeit schreitet weiter.

Typisches Tsukubai, das gut in seine Umgebung integriert ist.

Hohe Becken werden manchmal nahe an das Haus gesetzt.

Die Grundlinien des Beckens verlaufen nicht parallel zum Haus.

Wenn Naturstein für das Becken verwendet wird, bohrt man ein Loch mit großem Durchmesser (zwischen 12 cm und 30 cm, je nach Größe des Steines) in den oberen Teil. Der Stein wird dann am Rand eines ›Sees‹ aufgestellt, der überfließendes Wasser sammelt oder das beim Händewaschen verschüttete Wasser auffängt. Man steht dabei auf einem flachen Stein, der stets vor dem Becken liegt. Links und rechts befinden sich Steine, die etwas kleiner sind als der Beckenstein; auf diesen Steinen legt man während des Waschens seine Sachen ab oder man stellt im Winter einen Krug für heißes Wasser darauf.

An Stelle natürlicher Steine sieht man oft Mühlsteine, Ecksteine, die einmal Gebäudepfeiler gehalten haben, und die Sockel oder Säulen von Laternen oder Türmen. Durch die Verwendung von alten, handgefertigten Gegenständen ruft der Gärtner die Erinnerung an vergangene Lebensformen wach; das trägt zum Charakter des Unausweichlichen im Garten bei und vertieft das Gefühl der Vergänglichkeit der Zeit. Diese Steine, die im allgemeinen niedrig und regelmäßig geformt sind, werden in die Mitte des Sees gesetzt, notfalls auf einen Unterbau. Von einem untadeligen rechtwinkligen Block kann man eine Ecke abschlagen und ihn so mit dem Reiz des Unvollkommenen ausstatten.

Leider kann man heute kaum noch Reinheit und Demut von seinen Gästen verlangen; das heißt aber nicht, daß das Tsukubai lediglich als Dekoration dienen müßte. Nach der Gartenarbeit kann man dort seine Hände waschen. Das Wasser im Becken kann im Garten verspritzt werden, um diesem ein frisches Aussehen zu geben. Wer keine Abflußrinne anbringt, kann das überlaufende Wasser als Quelle für einen kleinen Fluß benutzen. Außerdem kann die Anlage selbst, abgesehen davon, daß sie optisch interessant ist, wenn sie in der Nähe des Hauses aufgebaut ist, eine enge Beziehung herstellen zwischen der Grundmauer des Hauses und den Steinen oder anderen Wasserelementen im Garten. Legen Sie eine hölzerne Schöpfkelle oben auf das Becken, so daß Sie jederzeit Wasser entnehmen können.

Für den Standort des Tsukubai gibt es keine feste Regeln; er wird von der gesamten Gartenanlage abhängen und davon, ob das Tsukubai oft als Wasserquelle benutzt werden soll. Im allgemeinen

wirkt es am besten in einem flachen oder ausgedehnten ebenen
Gelände, vor einer Steinmauer, einem Bambuszaun oder einer
Hecke im Hintergrund. Als Faustregel gilt: das Tsukubai nicht in
der Nähe von Quellen und Wasserfällen aufstellen, weil sonst diese
beiden ausgeprägten Wasserelemente miteinander um die Aufmerksamkeit streiten würden. Setzen Sie eine Steinlaterne in die
Nähe, um eine vertikale Balance und zugleich eine Nachtbeleuch-
tung zu schaffen.

Tsukubai mit Becken in der Mitte eines Trockensees

Aufsicht

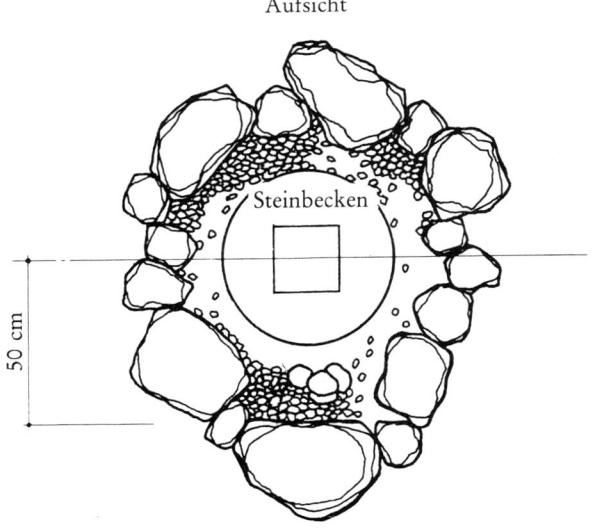

Querschnitt von Steinbecken und umgebenden Felsen

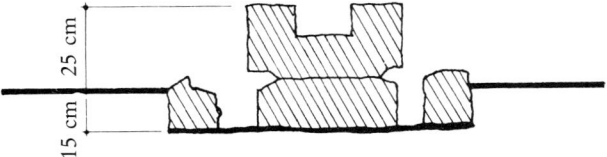

Die obenauf liegenden
Bambusstücke sollen
die Schöpfkelle halten.

Für die Beleuchtung
steht eine Laterne
in der Nähe.

Konstruktion: Wenn das Tsukubai an den Rand des Sees gesetzt wird, steht es hinten in der Mitte; der See ist unten vorn, der flache Stein, auf den man sich beim Waschen stellt, ist etwas höher als die Trittsteine, die gewöhnlich zu ihm hochführen. Die beiden größeren, runden Felssteine links und rechts halten einander das Gleichgewicht.

Zunächst ist zu entscheiden, wo die Vorderseite des Beckens sein soll.

Der Beckenstein wird so gesetzt, daß sein Oberteil 20–30 cm über Niveau liegt. Ein großer Teil des Steins ist eingegraben – hier gelten die gleichen Prinzipien wie für Steingruppierungen (s. Seite 76–87). Danach setzt man die drei großen Steine fest in den Erdboden ein, vorn um den See herum.

Die Grube für den See soll etwa 15 cm tief sein; in die Mitte kommt ein Abflußrohr, wenn man nicht will, daß sich das Wasser dort sammelt.

Nun setzt man kleinere Steine dazu, um die großen miteinander zu verbinden. Notfalls gebraucht man Mörtel als Bindemittel. Im Bett des Sees wird eine dünne Schicht Beton aufgebracht, und zwar schräg, damit alles Wasser in das Abflußrohr läuft. Über dem Abflußloch werden zur Tarnung Steine mit einem Durchmesser von etwa 7–8 cm gestapelt; das Bett wird mit Kieselsteinen, Durchmesser 2–3 cm, bestreut. Nun noch rings um die Steine, die das Ufer bilden, Erde aufschichten und Gräser und Farne dazupflanzen.

Für die anderen Anlagen ist die Konstruktionstechnik ähnlich. Wer einen Tsukubai mitten im See haben will, stellt es auf einen Unterbau, um die Höhe zu regulieren. Achtgeben, daß es waagrecht ist, damit Wasser auf allen Seiten überfließt. Am Rand des Sees werden flache, kantige und kleinere, rundlichere Steine angeordnet; in den See schüttet man Kiesel, zwischen denen das überfließende Wasser einsickern und verschwinden kann. Ein Abfluß kann, aber er muß nicht sein.

Große Tsukubai, die nicht überlaufen, können ohne einen sie umgebenden See aufgestellt werden, wenn sie außergewöhnlich schön aussehen, oder man setzt sie in die Nähe des Hauses, auf feste Unterlagen.

Um das Becken mit Wasser zu versorgen, legt man eine Kupfer- oder PVC-Röhre oder einen Kunststoffschlauch von der Wasserleitung des Hauses aus zum Behälter, entweder unterirdisch oder hinter Pflanzen verborgen. Zur Tarnung befestigt man Bambusstücke an den einzelnen Abschnitten des Schlauches über dem Erdboden. Falls nötig, gießt man Wasser in das Becken, oder man speist es langsam mit einem dünnen Wasserstrahl oder regelmäßig fallenden Tropfen, um ein ständiges Überfließen zu verursachen. Manchmal wird Wasser auch vom Boden des Beckens aus zugeführt. Wer keine Klempnerarbeiten machen will, trägt von Zeit zu Zeit frisches Wasser zum Becken und reinigt es regelmäßig, damit es nicht völlig unbenutzt wirkt.

Das runde Becken bildet einen Kontrast zu den unbearbeiteten Steinen.

Dieses Becken ist sorgfältig auf die Laterne im Hintergrund abgestimmt.

Das Wasser aus
diesem Shishi Odoshi
speist den Fluß.

Das Shishi Odoshi,
ein künstliches
Element, ist roh
zusammengebaut.

Shishi Odoshi

Das Shishi Odoshi, wörtlich ›Wild-Scheuche‹, wurde ursprünglich von Bauern als Mittel zur Vertreibung von Hirschen und Wildschweinen aus den Feldern entwickelt: Ein dünnes Bambusrohr leitet Wasser in ein schräggestelltes dickes Stück Bambus. Dieses ist durch eine Achsenbefestigung beweglich; sein vorderes Teilstück ist weitgehend ausgehöhlt und laffenförmig zugeschnitten. Darin sammelt sich das Wasser. Sein Gewicht drückt das vordere Ende des Bambusstückes hinab (das hintere kommt herauf) – das Wasser läuft aus, und das nun wieder schwerere hintere Ende fällt schlagartig nach unten, wo es auf einen Stein trifft und ein scharfes, klackendes Geräusch verursacht. Das Fließen des Wassers und die regelmäßige Bewegung des Shishi Odoshi sorgen für einen wirkungsvollen Kontrast zu der Unbeweglichkeit der übrigen Gartenelemente. Das plötzliche Klacken des Bambus und das verklingende Geräusch lassen manchen an den raschen Lauf der Zeit denken.

Das Shishi Odoshi wird oft am Rande eines Teiches aufgestellt, der dazu dient, das ablaufende Wasser aufzufangen. Es kann auch, auf leicht erhöhtem Boden, als Quelle eines Flusses oder Wasserfalles benutzt werden. (Anmerkung 14.)

Shishi Odoshi

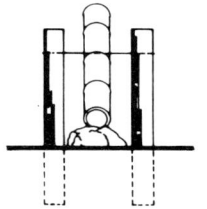

Ansicht von hinten

So funktioniert das Shishi Odoshi

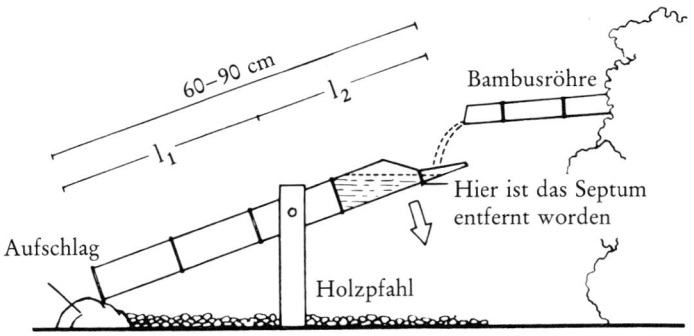

60–90 cm

l_2

l_1

Bambusröhre

Hier ist das Septum entfernt worden

Aufschlag

Holzpfahl

1. Wasser sammelt sich

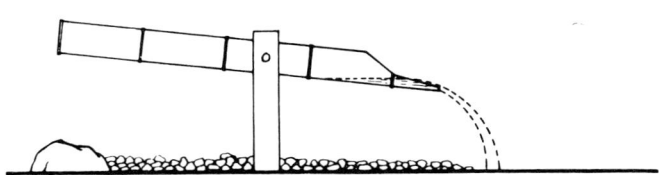

2. Wasser läuft aus

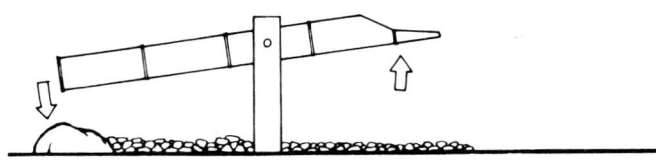

3. Das Bambusrohr schlägt auf den Stein

Flüsse, Wasserfälle, Uferschutz, Brücken

Japan ist vom Meer umgeben, und winzige Bäche durchziehen kreuz und quer seine gebirgigen Landschaften, Wasser im Garten läßt schwere Steine leichter wirken und bietet melodische Geräusche, Bewegung und freie Räume zum Denken und Phantasieren.

Oben: Die Felssteine am Boden sollen das Geräusch intensivieren.

Rechts: Eine Vielfalt von optischen und aktustischen Eindrücken.

Dieser Fluß im Garten stellt einen reißenden Gebirgsbach dar.

Der rasch herabstürzende Wasserfall wird von Steinen flankiert, die der Anlage Halt geben.

Flüsse, Wasserfälle, Uferschutz, Brücken

Wasser ist seit jeher ein Bestandteil des japanischen Gartens. In der Heian-Zeit (etwa 8.–12. Jahrhundert) wurden vom Adel weiträumige Gärten mit Teichen und Inselchen nach chinesischem Vorbild angelegt, und die Angehörigen des kaiserlichen Hofes bestiegen drachenförmige Boote, fuhren gemächlich durch die Gärten, bewunderten die verschiedenen Blickpunkte und unterhielten sich, so stellen wir uns vor, in gepflegtem Stil. Unter dem Einfluß des Zen-Buddhismus legten Gärtner viele Trockenlandschafts-Gärten an, aber auch hier deuteten sie durch Steinarrangements oder in den Sand geharkte Muster auf das Geräuch des Wassers hin. Im heutigen Garten sorgt Wasser für Fluß, Geräusch und Bewegung und bietet dadurch einen Gegensatz zur Unbeweglichkeit und Schwere des Steins.

Außerdem reflektiert Wasser das Licht. Ein Turm oder eine Laterne, die an den Rand eines Teiches gesetzt werden, können einen doppelten Zweck erfüllen, indem sie, durch die Spiegelung, die tatsächliche Größe des Gartens erweitern. Sonnenlicht, das von der Oberfläche des Wassers reflektiert wird, kann einen Platz hell machen, wogegen überhängende Dachrinnen oder Äste ihm Schatten geben würden.

Allerdings müssen die aktiven Eigenschaften des Wassers dem Garten gut angepaßt sein. Zum Beispiel ist ein hoher Wasserfall in der Ecke eines weiträumigen Gartens sehr wirkungsvoll; im Vordergrund eines kleinen Hofgartens dagegen würde der gleiche Wasserfall übertrieben wirken. Wenn sich der Garten in der Nähe des Schlafzimmers befindet, ist es am besten, den Wasserfall sanft über Steine fließen zu lassen, statt daß er geräuschvoll in einen Teich stürzt. Zuviel Bewegung im Garten kann störend sein; Vorrichtungen wie das Shishi Odoshi sollte man sparsam verwenden.

Stilles Wasser und wuchtige Steine.

Holzpfähle als Uferbefestigung.

Das Bild einer trostlosen öden Küste.

Steine zum Begehen
stehen im Wasser
dicht nebeneinander.

Hier sind Brücken
und Trittsteine ab-
wechselnd verwendet
worden.

Flüsse

Da die meisten Menschen nicht mehr über natürliche Wasservorräte wie Brunnen und Quellen verfügen, haben Gärten heutzutage mit Filtern ausgestattete Umlauf-Mechanismen, die für einen ständigen Vorrat an frischem Wasser sorgen. Wenn ein solches System benutzt wird, muß man darauf achten, daß es absolut dicht ist. Den Fluß hält man flach, so daß die Strömung mit Hilfe von Steinen im Flußbett wirksam verändert werden kann. Das Flußgefälle beträgt gewöhnlich etwa 3 %; die Strömungsgeschwindigkeit läßt sich vergrößern, indem man mit zwei Felssteinen eine Enge bildet, die das Wasser mit erhöhter Geschwindigkeit passieren muß. Meistens ist der Fluß am breitesten dort, wo er am Haus oder dem Aussichtsbereich am nächsten vorbeifließt; für einen Garten hinter dem Haus genüg dafür etwa ein Meter. Eine dünne Betonschicht gibt dem Flußbett die Form und verhindert das Absacken.

Pflanzen, die weder wuchern noch in die Höhe wachsen, können am oder im Fluß angepflanzt werden, einzeln oder zusammen mit kleinen Steinformationen. Steine sind auch dort am Platz, wo der Fluß eine Biegung macht oder die Strömung schnell ist – so wird das Ufer nicht weggeschwemmt (s. auch ›Uferschutz‹). Hier werden einige Beispiele für die Anlage gezeigt; bei allen lassen sich an Stelle von fließendem Wasser kleine Steine benutzen, um eine trockene Landschaft (Kare Sansui) anzulegen. Je nach Größe, Aussehen und Lage der Steine kann der trockene Fluß alles darstellen, vom gemächlich dahinplätschernden Bach bis zum reißenden Strom.

Die Gartengestalter der Heian-Zeit führten den Flußlauf unter dem Haus hindurch, das dann etwas erhöht angelegt wurde, um Wasserschäden zu verhüten. Wo man ohnehin bereits an Um- oder Ausbau denkt – könnte da nicht vielleicht auch eine so wirkungsvolle Art der Verbindung von Haus und Garten in Betracht gezogen werden? (Anmerkung 16.)

Gestaltung von Wasserläufen

Seitenansichten

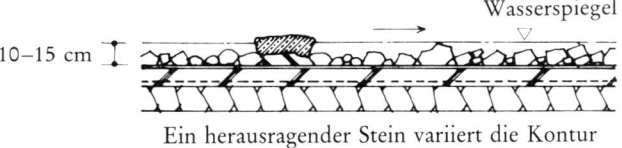

10–15 cm

Wasserspiegel

Ein herausragender Stein variiert die Kontur

10–15 cm

Wasserspiegel

Plötzliche Niveauunterschiede werden mit Steinen akzentuiert

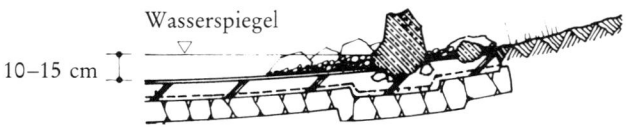

Wasserspiegel

10–15 cm

Mit Steinen und Kies wird das Ufer belegt

Querschnitte

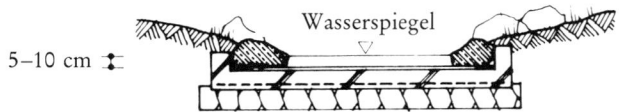

Wasserspiegel

5–10 cm

Zwischen zwei Steinen wird der Wasserlauf zu ›Stromschnellen‹ gesteigert

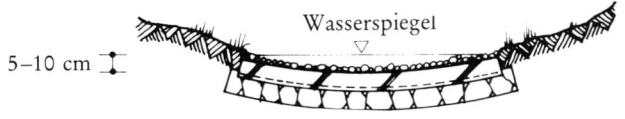

Wasserspiegel

5–10 cm

Das Bett wird mit Kies ausgelegt

Die regelmäßige Anlage
dieser Brücke
ist eindrucksvoll.
(Anmerkung 15.)

Scharfe Knicke zwingen
den Blick des
Darübergehenden
dahin, dorthin.
(Anmerkung 15).

Dicke Holzbohlen
entsprechen der
Schwere der Steine.

Wasserfälle

Am besten wird ein Wasserfall als Quelle für einen Fluß verwendet. Wo von Natur aus kein Wasser vorhanden ist, wird man wegen der benötigten Menge wahrscheinlich eine Umwälzpumpe brauchen. Die Art und Weise, wie Wasser herabfällt, hängt von der Strömungsgeschwindigkeit, der Wassermenge und vom Arrangement der Steine ab, die zu dem Wasserfall gehören. Einige der vielen Möglichkeiten werden hier veranschaulicht. Jede hat eine andere Geräuschqualität und eine andere Wirkung im Garten, und diese können weiter verändert werden, zum Beispiel durch einen Stein, der den Wasserfall spaltet, oder mit einem flachen Stein, durch den unten an der Aufschlagstelle das Geräusch hervorgerufen wird.

Damit die Menge des fallenden Wassers konstant bleibt, sammelt man es oben in einem Wasserloch – was überfließt, wird zum Wasserfall. Wo er ›entspringt‹, werden oft Kiefer, Ahorn und Chinquapin *(Castanea pumila)* angepflanzt, einerseits, um das Versorgungssystem zu verdecken, andererseits, um einen zusätzlichen Reiz und Kontrast zu schaffen. Die Steine des Wasserfalls werden mit Mörtel gebunden, nachdem man seinen Entwurf ausprobiert hat. (Anmerkung 17.)

Gestaltung von Wasserfällen

Zerklüftete
Stufenfälle

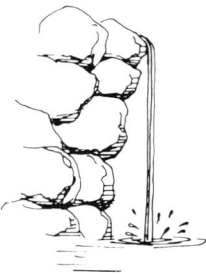

Überhängende
Fälle

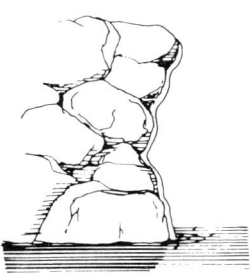

Gleitende
Fälle

Zwei-Etagen-Fälle

Gardinen-Fälle

Übliche Stufenfälle

Band-Fälle

Uferschutz

Der Rand eines Teiches sollte an einem sanften Abhang liegen, um eine friedliche Szenerie zu bilden. Wo man beabsichtigt, die Lichtreflexion der Teichfläche zu nutzen und zu diesem Zweck eine Steinlaterne oder einen Turm an den Rand setzt, muß man darauf achten, daß der Wasserspiegel nicht viel tiefer liegt als das Ufer, damit er das gesamte Bild zurückwirft. Dem Teich gibt man eine unregelmäßige Form; wenn er groß ist, baut man Vorgebirge am Ufer auf, oder man legt Miniaturinseln an, die aussehen, als tauchten sie aus dem Wasser auf. Sie können, je nach Größe, Gräser und einen Baum oder einen Steinturm tragen.

Etliche Arten des Uferschutzes, scheinbar planlos um den Teich herum angewandt, sind unverkennbar japanisch. Steigt etwa die Böschung sehr sanft an und ist im Teich nicht viel Bewegung, dann gehören an den Rand Gräser, wie Riedgras *(Miscanthus sinensis)*, und Japanische Iris – sie halten den Boden fest. Oder man legt einen mit Steinen gefüllten ›Jakago‹ (zylindrischer Flechtkorb, alter Überschwemmungsschutz, s. Abb. S. 156) am Ufer ab. Oder: Runde Kiefernpfähle, Durchmesser 10 cm, werden in Abständen entlang dem Ufer eingerammt und mit Weidenzweigen armiert; auf gleiche Höhe achten! Oder: Die Pfähle in willkürlichen Zickzack-Gruppen setzen, die 10–30 cm aus dem Wasser ragen. Die Pfähle in Lehm einsetzen; er greift das Holz weniger an als Beton. Durch vorheriges Ansengen kann man dem Schwamm vorbeugen.

Wenn der Teich tief ist, wird der Rand mit Steinen bestückt: Gutgeformte rechteckige Blöcke oder größere Natursteine werden, ineinander verkeilt, aufgestapelt. Die Steine oberhalb des Wassers müssen unbedingt auf gleicher Höhe liegen; andernfalls würden sie wacklig wirken. Den Zeichnungen ist zu entnehmen, wie Ziegelsteine am Boden des Teiches als Unterbau für Steine verlegt werden, die kleine Inseln oder eine zerklüftete Küste darstellen.

Uferbefestigungen

Halb eingetauchter Stein

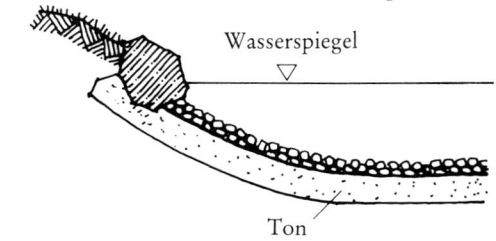

Wasserspiegel

Ton

Staudengräser

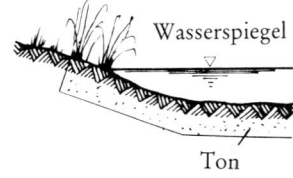

Wasserspiegel

Ton

Pfahlgruppe

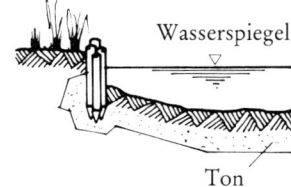

Wasserspiegel

Ton

Steine in Jakagos

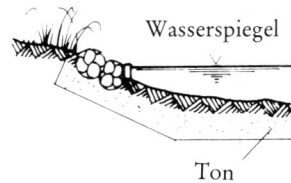

Wasserspiegel

Ton

Einzelne Pfähle

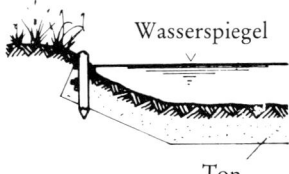

Wasserspiegel

Ton

Beton und Steine

Übliche Steinbegrenzung

Wasserspiegel

Uferlinie mit Steinen ausdehnen

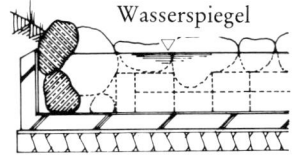

Wasserspiegel

Brücken

Eine Brücke, auch über ein trockenes Flußbett, kann eine attraktive Ergänzung für den Garten sein. Es gibt zwar Brücken, die nur zur Dekoration da sind, aber man kann davon ausgehen, daß Gäste, vor allem Kinder, das unbedingt nachprüfen wollen. Alle Brückenstützen sollten völlig sicher sein. Wählen Sie Materialien aus, die in Ihren Garten passen. Soll er beispielsweise ›unberührt‹ wirken, dann dürfte eine einfache Brücke aus rohen Bohlen das beste sein. In einen Garten mit vielen Steinkompositionen paßt eine Brücke aus einer einzelnen Granitplatte; sicherheitshalber zwei Steine an jeder Seite der Brücke und eine Laterne als nächtliche Beleuchtung in die Nähe setzen! (Anmerkung 18.)

Gestaltung von Brücken

Knüppelbrücke

Brücke aus Steinplatten

Knüppelbrücke, mit
Soden belegt

Zickzack-Brücke

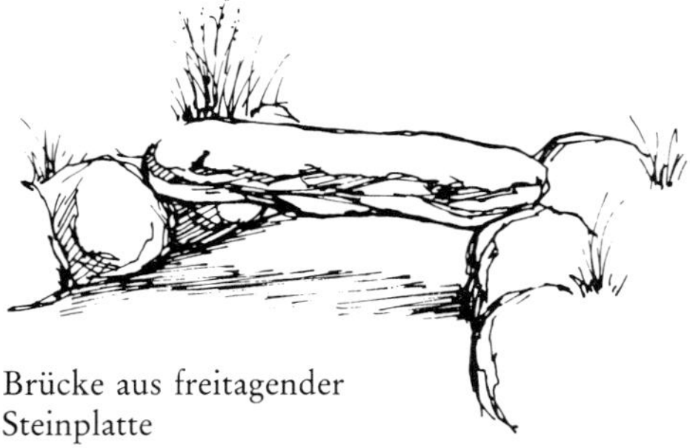

Brücke aus freitagender
Steinplatte

Bambuszäune

Zäune schützen, grenzen ab, teilen oder machen die Bezirke, die sie umschließen, zu einer Einheit. Ein Gartengestalter wählt oft zuerst den Zaun aus, denn dessen Höhe, Farbe und Stil beeinflussen die Gestaltung des gesamten Gartens. (Anmerkung 19.)

Teppo-gaki
(Pfeifen-Rohr-Zaun)

Kinkaku-ji-gaki
(Kinkaku-ji-Zaun)

Yarai-gaki
(Palisadenzaun)

Der Zaun oder die Mauer ist ein wesentlicher Bestandteil des japanischen Gartens. Traditionsgemäß sind die Innenwände des japanischen Hauses mit großen Schiebetüren ausgestattet; diese öffnet man, um innen eine Weiträumigkeit zu erzielen. Die Außenwände des Hauses haben ähnliche Türen, die, wenn sie geöffnet werden, von innen her eine unbeschränkte Aussicht auf den Garten bieten. Die Gartenmauer oder Umzäunung ist demnach die einzige echte Begrenzung auf dem Grundstück. Sie ist hoch genug – zwischen 1 m und 2 m –, um ablenkende äußere Elemente am Eindringen zu hindern.

Hier finden sich ganz kurz gefaßte Konstruktionshinweise für die auf den vorigen Seiten gezeigten Zäune. Sie haben alle ein typisch japanisches Design und unterscheiden sich hinsichtlich der Wirkung und der Kompliziertheit doch sehr voneinander. Gestützt und getragen wird jeder einzelne Zaun gewöhnlich von End- und Innenpfählen (Durchmesser 7,50 cm bzw. 6 cm) aus Zypresse, Zeder oder Kiefer sowie von Querriegeln aus Bambusstangen (Durchmesser 3–4 cm). Als Schmuck oder zur Tarnung der Nägel wird oft mit Schnur befestigter Spaltbambus verwendet; das sind Bambusstangen (Durchmesser 5–7 cm), die man der Länge nach in zwei halbkreisförmige Teile spaltet. Unterschiedliche Größen werden hier vermerkt, soweit sie als wichtig beurteilt werden müssen.

Teppo-gaki.

End- und Innenpfähle setzen; Bambus-Querriegel, je nach Muster einfach oder doppelt, befestigen. Damit steht der Rahmen. Abwechselnd davor und dahinter Bambusstangen (Durchmesser 6 cm) in Gruppen mit ungeraden Zahlen setzen. (Bei einer Variante stehen alle auf der Vorderseite.)

Dieser Zaun ist 1–2 m hoch; verwendet wird er als Trennungszaun zum Nachbargrundstück oder als Sode-gaki (s. Seite 160–166).

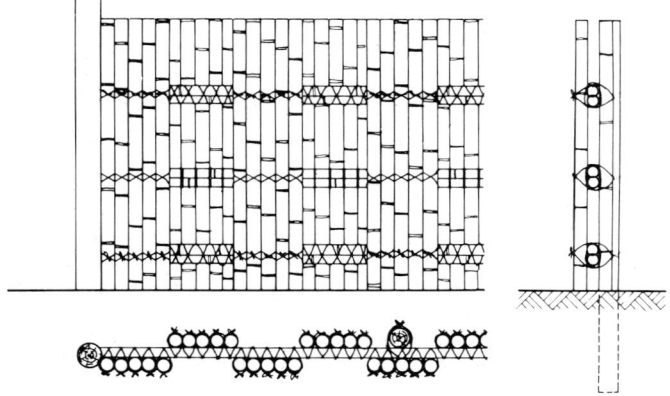

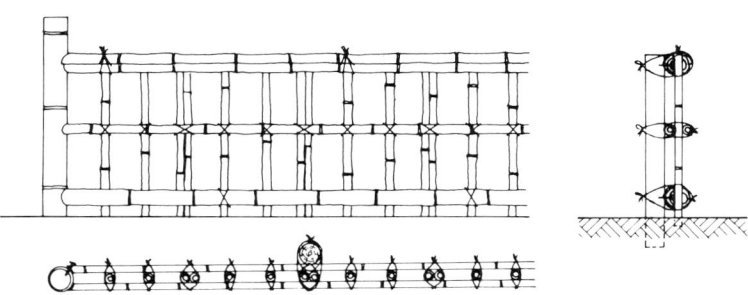

Kinkaku-ji-gaki.

End- und Innenpfähle setzen. Querriegel aus Bambus: in der Mitte Vollstange (annageln), oben und unten Spaltbambus. Auf der Vorderseite des Rahmens Bambusstangen (Durchmesser 3 cm) in die Erde setzen. Daran ebenfalls Querriegel befestigen: wiederum in der Mitte eine Stange, oben und unten gespaltene Längen.

Die Oberkante des Zaunes mit innen ausgekratztem Spaltbambus abdecken. Dieser Zaun ist niedrig und eignet sich am besten für Hanglagen als Ersatz für ein Geländer.

Yarai-gaki.

End- und Innenpfähle setzen. Drei Querriegel aus Spaltbambus annageln, daran zunächst provisorisch die diagonalen Bambusstäbe befestigen. Weitere gespaltene Stäbe horizontal an die Vorderseite binden, um die Wirkung der Querriegel zu verstärken. Je höher der Zaun, desto steiler sollten die Diagonalen sein, damit das Ganze ausgewogen und stabil aussieht.

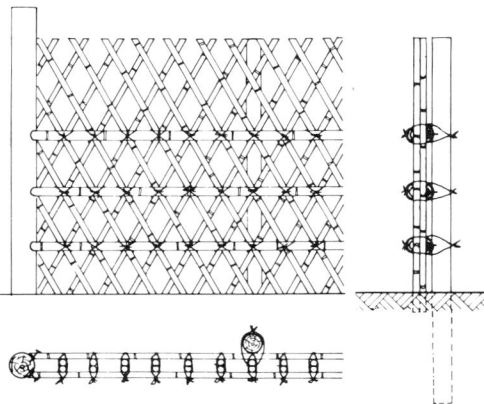

Kennin-ji-gaki
(Kennin-ji-Zaun)

Yotsume-gaki
(Vier-Augen-Zaun)

152

Koetsu-gaki
(Koetsu-Zaun)

Katsura-gaki
(Katsura-Zaun 1)

Kennin-ji-gaki.
End- und Innenpfähle
setzen. Auf der Rück-
seite Querleisten aus
Spaltbambus (ungespal-
tener Durchmesser
4 cm) anbringen. Auf
der Vorderseite gespal-
tene Stangen gegen die-
sen Rahmen lehnen und
sie in Brusthöhe vorläu-
fig festbinden. Wieder-
um Querleisten aus
Spaltbambus festbinden,
nun auf der Vorderser-
te. Dieser Zaun sieht
hinten unattraktiv aus.
Abhilfe: eine Vorder-
mit einer Rückseite
kombinieren oder auch
Zedernstangen oder
-borke an die Rückseite
nageln und mit Spalt-
bambus festhalten.

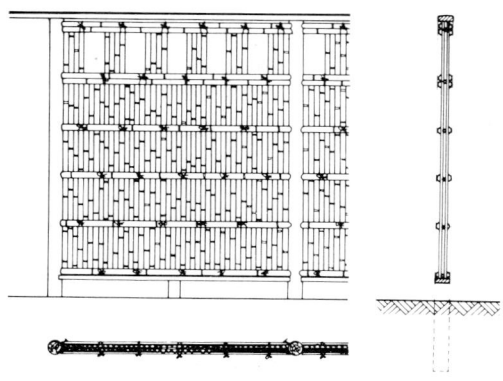

Yotsume-gaki.
Allgemein üblicher
Zaun aus Zedern- oder
Zypressenpfählen und
Bambusgitter; Anzahl
und Abstände der
Querstangen hängen
von der Höhe des Zau-
nes ab. Gewöhnlich
haben Zäune bis 1 m

Höhe drei, zwischen
1 m und 2 m Höhe vier
Querstangen; der Ab-
stand zwischen ihnen
kann regelmäßig oder
unregelmäßig sein.
Vollständige Konstruk-
tionsanleitung für
diesen Zaun auf Seite
190–195.

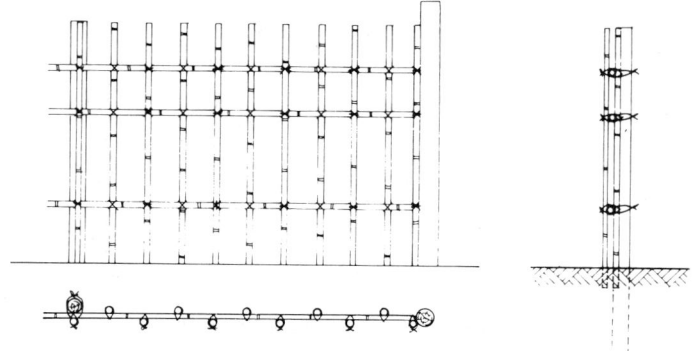

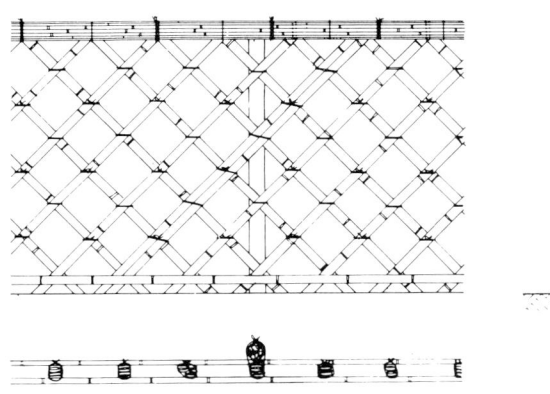
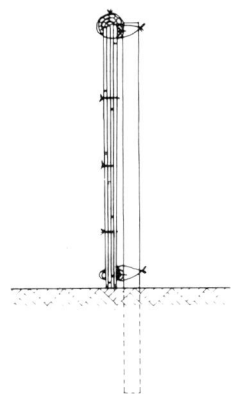

Koetsu-gaki.

Im Muster dem Yarai-
gaki ähnlich. Verwendet
werden schmale, flache
Längen von gespalte-
nem Bambus (ungespal-
tener Durchmesser
4 cm), die sich Kante
auf Kante diagonal
kreuzen, was die Kon-
struktion stabiler
macht, und die man am
Rahmen befestigt.
(Manchmal werden sie
doppelt genommen, wie
hier gezeigt.) Den
Handlauf macht man
aus schmalen, gespal-
tenen Längen (Durch-
messer ungespalten
1,50 cm), die zusam-
mengebündelt werden,
und bedeckt diese
Bündel mit breiterem
Spaltbambus. Der Zaun
wird etwa 1,20–1,50 m
hoch gebaut und kann
als Trennwand dienen.

Katsura-gaki (1)

Endpfähle (Durchmes-
ser 8–10 cm) und In-
nenpfähle setzen, die
Pfähle mit Schlitzen für
die Querriegel und das
Reisig versehen, aus
dem der Zaun besteht.
Die unteren Bambus-
Querriegel befestigen,
ebenso die Pfosten aus
Spaltbambus hinten.

Auf der Vorderseite
Reisig stapeln und es,
während man den Zaun
anfertigt, versuchsweise
an die Pfähle binden.
Danach die Pfosten aus
Spaltbambus an die
Vorderseite des Zaunes
binden. Am Schluß
kommen die Bambus-
Querriegel obenauf.

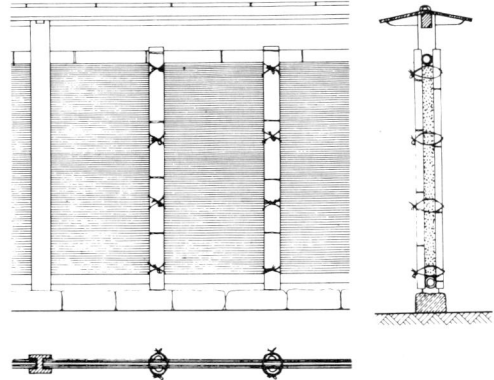

Katsura-gaki
(Katsura-Zaun 2)

Amida-gaki
(Buddha-Zaun)

Daitoku-ji-gaki
(Daitoku-ji-Zaun)

Shiba-gaki
(Reisig-Zaun)

157

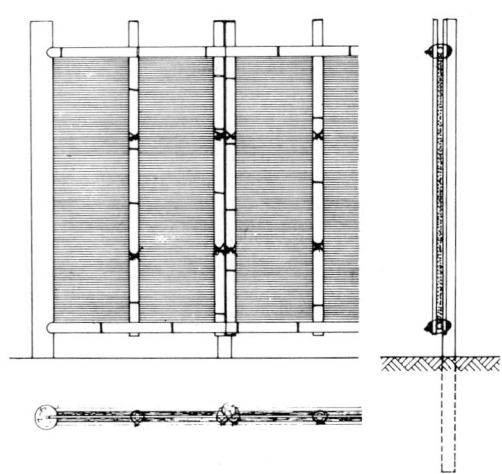

Katsura-gaki (2)
Oben ist eine zusätzliche Stange angebracht und die Pfähle sind etwas anders verwendet worden. Den ursprünglichen Katsura-gaki zeigt ein Foto auf Seite 64/65.

Amida-gaki.
Die horizontalen und vertikalen Bambusstäbe, aus denen dieser Zaun besteht, sind sehr dünn, etwa 1 cm im Durchmesser. End- und Innenpfähle setzen. Spaltbambus in drei Querreihen anbringen, ihre Enden in vorbereitete Schlitze in den Pfählen stecken. Wenn diese Reihen fertig sind, webt man, wie abgebildet, Bambus vertikal hinein.
Zum Schluß an der Vorderseite oben und unten sowie auf der Zaunkante oben Spaltbambus befestigen.

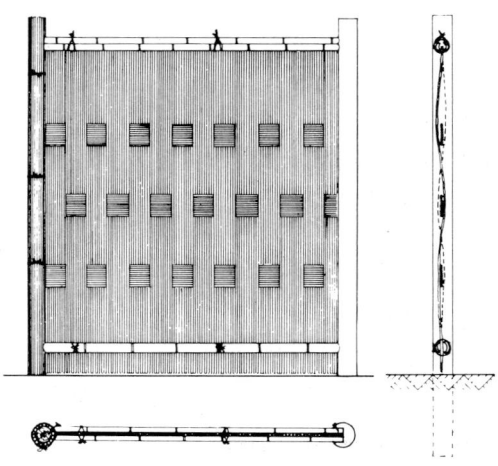

Daitoku-ji-gaki.
Dieser Zaun gleicht
dem Shiba-gaki. Nur
sind hier die Endpfähle
mit Reisig umwickelt,
und Vorder- und Rück-
seite des Zauns sehen
gleich aus.

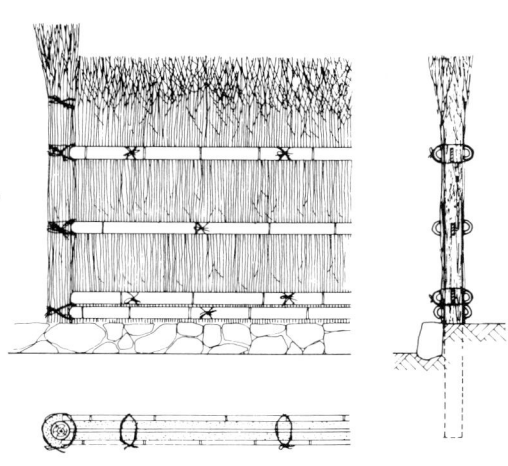

Shiba-gaki.
Endpfähle setzen, mit
Schlitzen zur Aufnahme
der als Querriegel die-
nenden Holzbretter
versehen. Reisig
(Durchmesser 1 cm) in
Längen vor den Rah-
men stellen; wenn die
untere Reihe fertig ist,
wird sie mit einer Län-
ge Spaltbambus festge-
halten – so, zwischen
Brett und Bambus,
kann das Reisig nicht
verrutschen. Nach oben
weitere Reisigreihen
hinzufügen; jede einzel-
ne, sobald sie fertig ist,
wieder mit Spaltbambus
festhalten. (Anmerkung
20.)

159

›Ärmel‹-Zäune, Pforten, Mauern

Ein Zaun oder eine Pforte im Garten können den Übergang zwischen Bereichen mit unterschiedlicher Atmosphäre oder Funktion erleichtern. Dichte, hohe Zäune können als Blenden fungieren, die von der betrachteten Szenerie Störungen fernhalten.

Narihira sode-gaki
(Narihira-Ärmel-Zaun).

Rechts oben:
Koetsu sode-gaki
(Koetsu-Ärmel-Zaun).

Rechts unten:
Shiorido
(Zweiggewebe-Pförtchen).

161

Mit kleinen, niedrigen oder Durchblick gewährenden Zäunen kann man im Garten Bereiche unterschiedlicher Atmosphäre voneinander abgrenzen (wie das in Teegärten der Fall ist) oder Unansehnliches dem Auge entziehen. Sodegaki (›Ärmelzäune‹) sind ein Beispiel dafür. Wer in einer Etagenwohnung einen Teil des Balkons als Abstellecke braucht, kann ihn mit einem Ärmelzaun wie dem Misugaki (s. Seite 196) verdecken und eine Nische mit Platz für eine Laterne, eine Steingruppe und einige Topfpflanzen schaffen. Wessen Garten hinter dem Haus liegt, kann mit einem niedrigen Zaun innerhalb seines Grundstücks zu einem kleinen, besser zu organisierenden Bereich kommen, in dem japanische Elemente zu voller Wirkung gelangen können.

Grenzzäune sind im allgemeinen ziemlich hoch. Man kann sie aber auch niedriger halten, wenn es außerhalb des Gartens irgend etwas gibt, das der Gärtner gern in seine Anlage mit einbeziehen möchte, zum Beispiel einen Hügel, Bäume oder Buschwerk oder auch eine Meeresküste. Diese Technik – japanisch ›Shakkei‹, was so viel wie ›geborgte Szenerie‹ bedeutet – läßt den Garten größer wirken. Und durch das Gleichgewicht von freier und ›kultivierter‹ Natur werden das Haus und seine Umgebung stärker miteinander verbunden. Einige Beispiele für diese Methode sind auf den Fotos in der ersten Hälfte dieses Buches zu sehen. Leider läßt sich Shakkei kaum in der Stadt praktizieren, wo seine Wirkung am höchsten geschätzt werden würde. Aber manchmal bietet sich doch eine gute Gelegenheit. Wenn etwa der Nachbar einen schönen Baum oder einen rustikalen Schuppen hat, schirmt man diesen Anblick nicht schleunigst ab, sondern läßt den Zaun nicht als Sperre, sondern als Brücke fungieren.

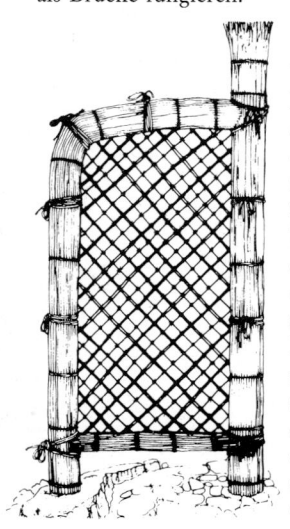

Narihira sode-gaki.
Dies ist ein häufig zu sehendes Beispiel für einen Ärmelzaun mit freiem Durchblick. Sein Stütz- und Traggerüst besteht im Kern aus dünnen Bambusstöcken (Durchmesser 2 cm); auf der Innenseite der Krümmung schneidet man ganz kleine Keile aus dem Bambus, so daß er sich biegen läßt, ohne zu platzen. Für die Zaunfüllung werden Glyzinentriebe, Farnkraut oder Buschklee zu schlanken Bündeln zusammengefaßt und so an den Bambusstützen festgeknotet, daß ein Flechtgitter entsteht. Zum Schluß umwickelt man das Gerüst dick mit Glyzine. Wenn der Zaun zu lang ist, wird er sein Gewicht nicht tragen können, durchhängen und unansehnlich aussehen. Das hier gezeigte Beispiel ist etwa 1 m lang und 1,80 m hoch.

Koetsu sode-gaki.
Mit diesem niedrigen, langgezogenen Ärmelzaun werden oft unterschiedliche Gartenbereiche abgeteilt. Sein Aufbau ähnelt dem des Koetsu-gaki (s. Seite 155); der Handlauf besteht aus gebündeltem Buschklee, Fieberstrauch oder Spaltbambus. Er ist selten über 1 m hoch.

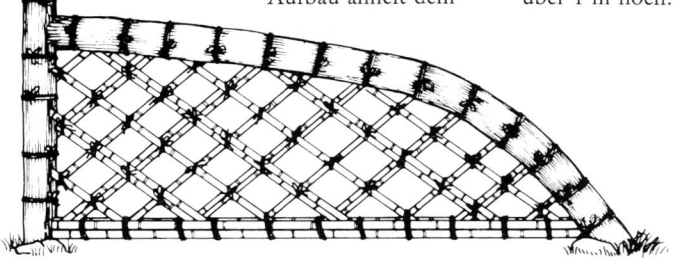

Shiorido.
Für das diagonale Gitterwerk dieser kleinen Pforte verwendet man geschälten Bambus in langen Streifen; diese werden, wie abgebildet, um den Rahmen geschlagen. Auch dünne, abgeflammte Zweige, Glyzinentriebe, geflochtenes Farnkraut oder sehr dünner Bambus können für dieses Muster benutzt werden. Unelastische Materialien sollten besser an den Rahmen angebunden statt um ihn herumgeführt werden.

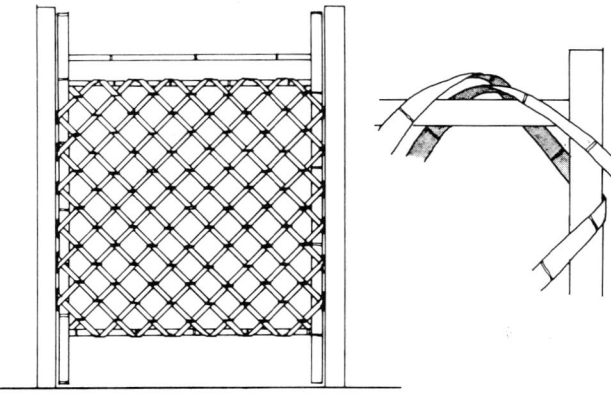

Chasen-gaki
(Teerührer-Zaun).

Gyaku chasen sode-gaki
(Auf den Kopf
gestellter Teerührer-
Ärmel-Zaun).

Itabei (Bretterwand).

Ginkaku-ji-gaki
(Ginkaku-ji-Zaun).

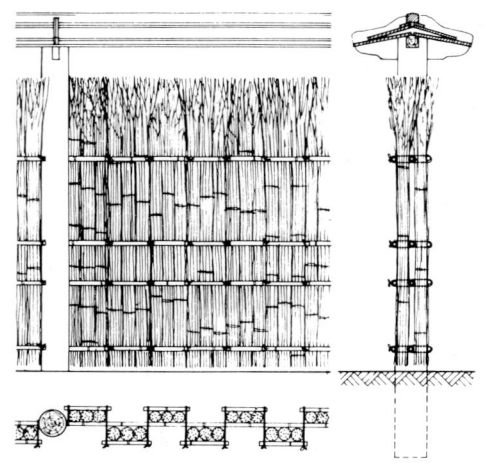

Chasen-gaki.
Um einen langen Holz-
stab herum so viele
Zweige von Buschklee
oder Bambus binden,
bis daraus ein Bündel
von 6–7 cm Durchmes-
ser geworden ist. Jedes
Bündel mit Draht oder
Bindfaden zusammen-
schnüren, bis auf
den obersten Teil, so
daß dort die Spitzen
auseinanderstreben und
das Ganze einem Besen
ähnelt. Gebaut wird der
Zaun wie der Teppo-
gaki (s. Seite 150), wo-
bei die ›Besen‹ an die
Stelle der Pfähle treten.
An der Vorderseite die-
ser Bündel zur Dekora-
tion kurze Bambuslän-
gen anbinden. Höhe
und Breite der ›Besen‹
lassen sich je nach
Muster variieren.

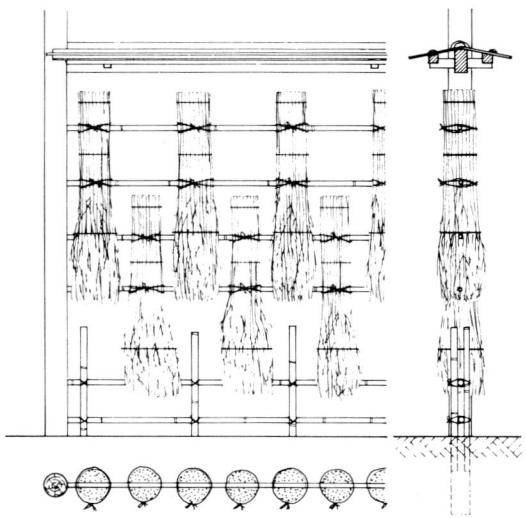

**Gyaku chasen sode-
gaki.**
Für diesen Ärmelzaun
werden die ›Besen‹
aus Reisig an Bambus-
stangen aufgehängt, die
horizontal durch ihre
Mitte gehen und für
den Zusammenhalt
sorgen.

Itabei.
Diese Bretterwand sah man früher gewöhnlich in mittelständischen Stadtbezirken um die Häuser herum. Hierfür werden gestrichene oder abgeflammte Bretter, 1,2 cm stark und etwa 30 cm breit, aus japanischem Zedernholz verwendet.

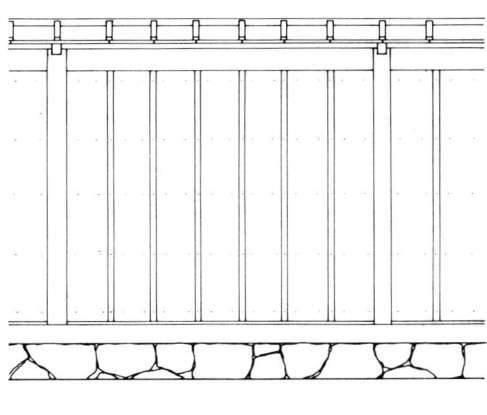 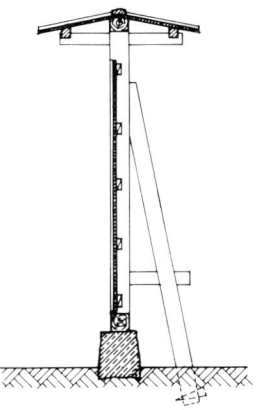

Ginkaku-ji-gaki.
Wie gezeigt, kann man auch hier Voll- und Spaltbambus kombinieren. Der Zaun ist im Kennin-ji-gaki-Stil angefertigt (s. Seite 154); die Zaunwand besteht einschließlich Querlängen und Abdeckung oben aus Spaltbambus.

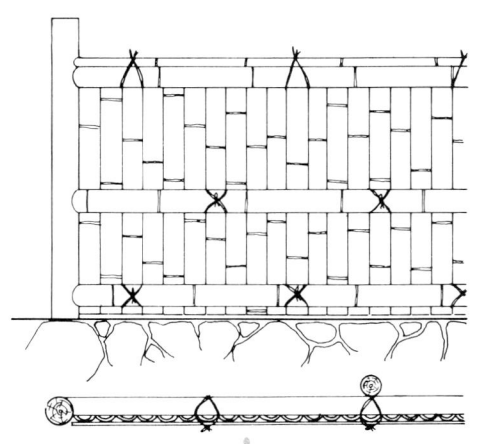 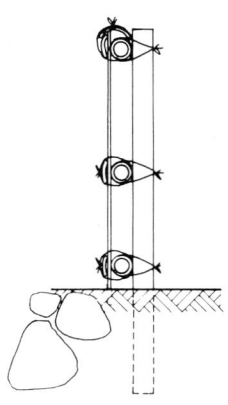

Rechts oben:
Neribei
(Lehmmauer).

Rechts unten:
Dobei
(Lehmmauer).

Chumon
(Innenpforte).

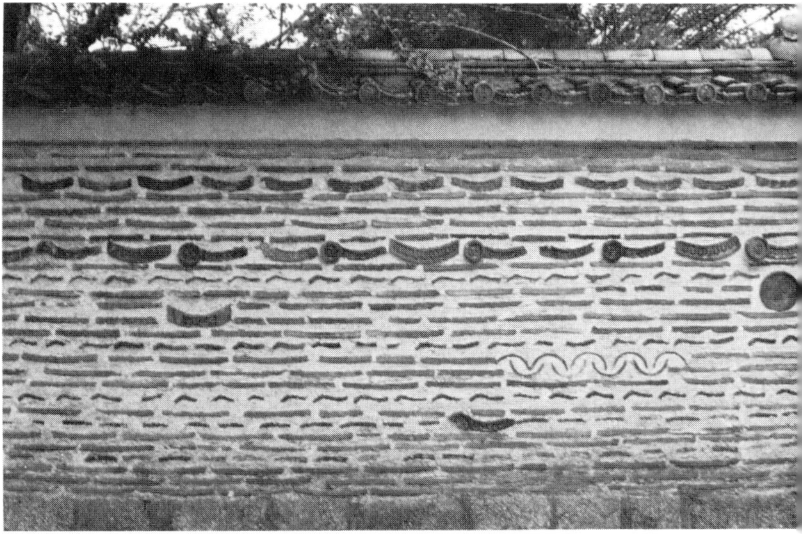

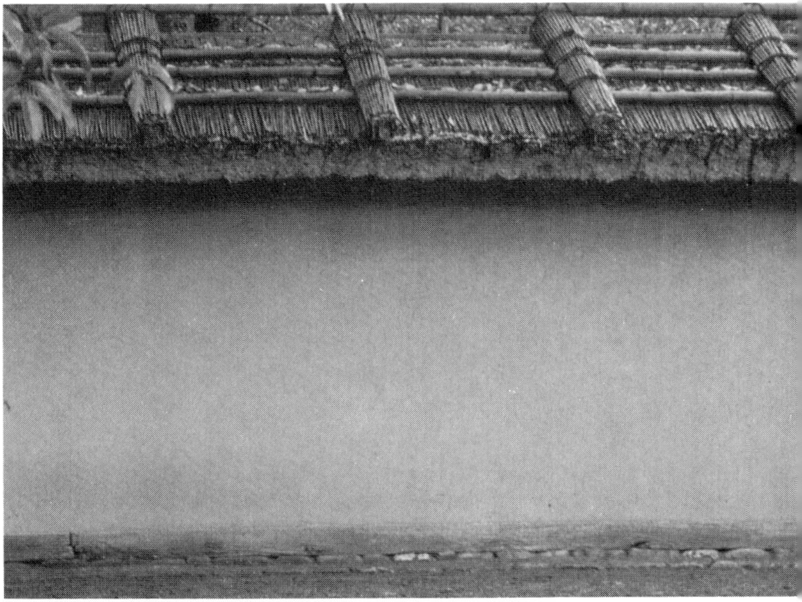

Chumon.
Auf einem Weg aufgestellt, um den inneren Teil eines Teegartens vom äußeren zu trennen, kann diese Tür im Garten hier dazu benutzt werden, einen seitlichen Hof von einem Hof vor oder hinter dem Haus zu trennen. Die Tür ist aus Bambus, auf Latten gesetzt, das Dach aus Zedernschwarten.

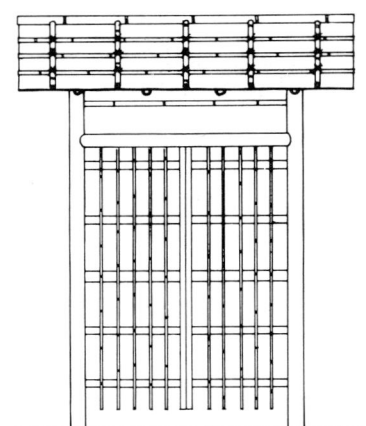

Neribei.
Diese Art Mauer sieht man oft entlang den äußeren Bereichen von Tempeln oder Landhäusern. Bei einer Höhe von knapp 3 m ist sie 30–40 cm stark; auf ihrer Vorderseite sind Bruchstücke von schmalen Steinen und gewölbten Ziegeln eingebettet. (Anmerkung 21.)

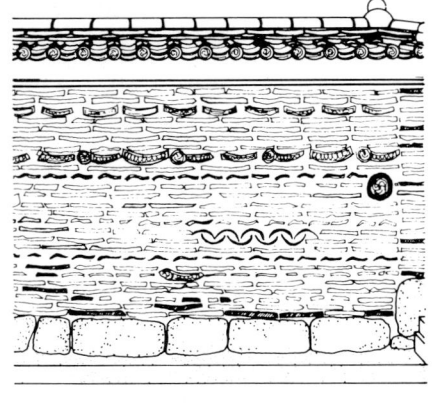

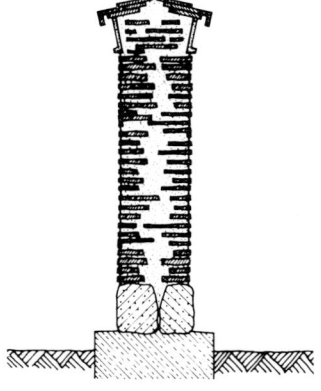

170

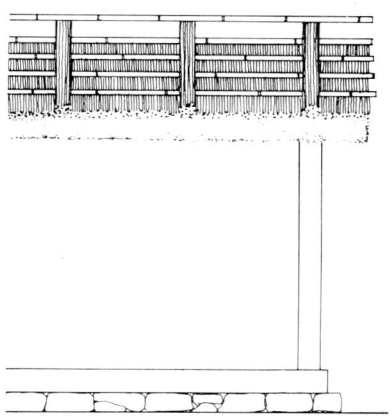

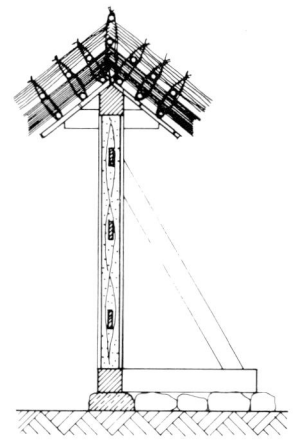

Dobei.
Mauern aus Erde oder
Lehm umgaben in frü-
heren Zeiten oft die
Häuser und Gärten
wohlhabender Kauf-
leute. Man kann, bevor
man die Mauer baut,
den Lehm einfärben,
damit er den Farben
des Gartens entspricht.
Achten Sie darauf,
daß die Mauer auf der
Rückseite gut abge-
stützt ist.

Anmerkungen zu Bambus, Zwergbambus, Moos, niedrigwachsenden Büschen

1
2

3

1 Moso-Bambus, Phyllostachys mitis
2 Matake, Phyllostachys bambusoides
3 Kumazasa, Sasa veitchii
4 Okamezasa, Shibataea kumasaca
5 Polytrichum commune
6 Selaginella remotifolia, Kurama-Moos
7 Schusterpalme, Aspidistra elatior
8 Straußfarn, Matteuccia struthiopteris
9 Funkie, Hosta undulata

4

5

6

7

8

9

173

Bambus

Bambus ist ein Riesengras mit vielen Arten. In gemäßigten Klimazonen wie Japan gedeiht es als ausdauernde, winterfeste Pflanze. Die ideale Umgebung für Bambus ist gut dräniertes Land, das sanft gegen Süden abfällt. Um die Wurzeln zu schützen und die Bodentemperatur einigermaßen konstant zu halten, deckt man ihn gut mit Stroh oder Laub ab.

Ein etwas saurer, schwerer, gut bearbeiteter Lehmboden ist am günstigsten. Er hat die richtige Struktur, wenn eine daraus geformte Kugel, die man mit dem Daumen drückt, in kleine Krümel zerbröckelt. Je tiefgründiger der Boden, desto besser, wenn auch in den meisten Fällen 1 m ausreichen wird. Durch regelmäßiges Wässern wird vermieden, daß er austrocknet; gedüngt wird einmal im Jahr, im Frühling, mit handelsüblichem Dünger (NPK 10-6-4,50 % organisch), in einer Menge von 20–25 kg per Quadratmeter.

Bambus wird 2–15 m hoch. Im Laufe der Zeit neigt sein Wurzelsystem dazu, sich horizontal auszubreiten und neue Halme innerhalb und außerhalb der ursprünglichen Anpflanzung sprießen zu lassen. Um einen zu dichten Bewuchs zu verhindern, schneidet man sowohl abgestorbene als auch einige der neuen Schosse im Frühling ab.

Von Zeit zu Zeit gräbt man den Boden außerhalb der Anpflanzung um und hackt die seitlich verlaufenden Wurzeln ab, damit sie nicht in Abwasserrohre oder in den Nachbargarten hineinwachsen. (Anmerkung 22.)

Zwergbambus *(Sasa-Gras)*

Es gibt einige Arten Zwerg- oder Buschbambus. Im Garten oft verwendet wird Kumazasa *(Sasa veitchii)*, deren Blätter im Herbst an den Rändern strohfarben werden. Sie wächst in kühlen Bereichen und bevorzugt, ganz im Gegensatz zum hohen Bambus, den Schatten. Man pflanzt sie in gut dränierte, lehmige, tiefgründige Gartenerde und düngt einmal jährlich, entsprechend der Empfehlung für hochwachsenden Bambus.

Da die Pflanze nur eine Höhe von 1 m erreicht, setzt man sie in den Schatten von hohen Bäumen, Felsstein-Gruppierungen oder Zäunen. Im Winter verwelken die Blätter. Im frühen Frühjahr schneidet man bis auf die lebenden Zweige zurück und läßt neue Schosse und Blätter im späteren Frühling kommen.

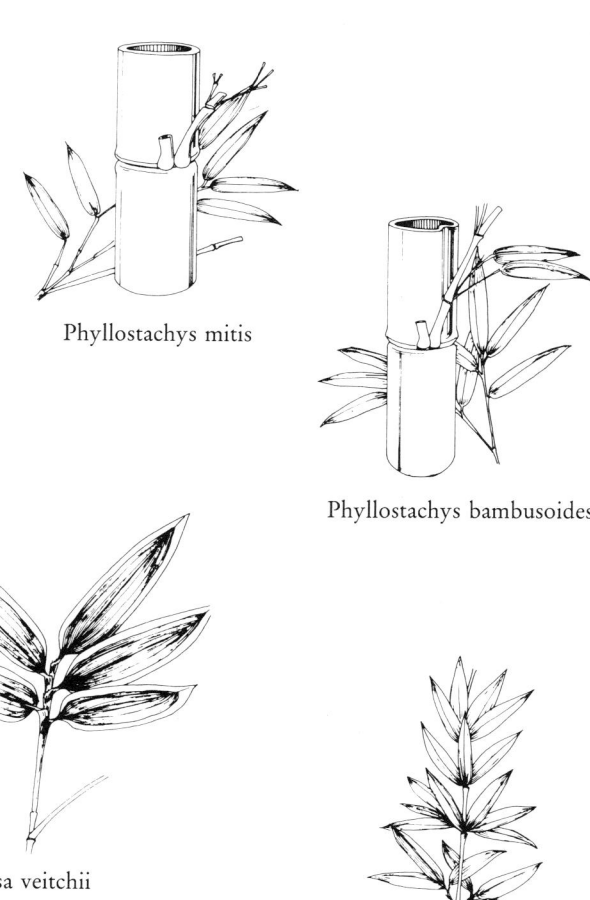

Phyllostachys mitis

Phyllostachys bambusoides

Sasa veitchii

Shibataea kumasaca

Moos

Moos wächst nicht in trockenen Bereichen, gedeiht aber gut, wo viel Schatten und Feuchtigkeit ist, wie etwa unter ausladenden immergrünen Gewächsen. Es ist ein vielverwendeter Bodendecker im japanischen Garten, weil sein üppig-sanftes Aussehen attraktiv ist und seine Fähigkeit, das Wasser zu speichern, den Boden erhält und Verschlammung dort verhütet, wo Büsche oder andere Pflanzen zu groß wären. Moos wird braun, wenn es nicht genügend Wasser bekommt; aber wenn es nicht bereits völlig ausgetrocknet ist, wird es wieder grün, sobald es Wasser erhält. Um sicherzugehen, wässert man Moos täglich. (Anmerkung 23.)

Niedrigwachsende Büsche

Gärtner pflanzen oft kleine Gruppen von Büschen um die Gartenbäume herum und imitieren damit wildwachsende Büsche und junge Bäume in der freien Natur. Unter Laubbäumen kann man breitblättrige immergrüne Pflanzen setzen, zum Beispiel *Aspidistra*, *Aucuba*, Kamelie, *Cotoneaster,* Stechpalme, Berglorbeer, *Mahonia, Andromeda, Rhododendron* oder *Skimmia.* Unter Nadelhölzer kann man, um für Farbigkeit und Ausgleich zu sorgen, etwa Pflanzen mit roten Beeren setzen, zum Beispiel *Ardisia, Cotoneaster* oder *Skimmia.* Da die japanischen Gärten eher eine Waldatmmosphäre haben, sollten holzreiche Gewächse draußen in Bereichen mit intensivem Sonnenlicht, weitab vom Schutz der Bäume, sparsam verwendet werden. Es gibt ja so viele verschiedenartige Pflanzen; die besten Resultate wird man dann erzielen, wenn man solche Pflanzen auswählt, die in der Umgebung vorkommen, an Standorten, wie der eigene Garten sie bietet (s. Pflanzenliste S. 239).

Polytrichum commune

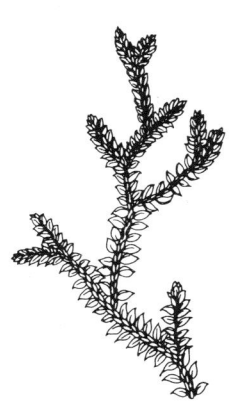

Selaginella remotifolia

Matteuccia struthiopteris

Aspidistra

Hosta undulata

Pflanzen und Bäume im Garten

Die Abbildung auf Seite 180/181 zeigt einen typischen, wenn auch etwas idealisierten Anlagenplan für Pflanzen in einem ziemlich großen japanischen Garten. Der Gärtner suchte die Stellen für die wichtigen Steine und Bäume unter Benutzung des Planzeichnungssystems aus, das auf Seite 70–73 erklärt wird. Da der Norden die meiste Sonne bekommt, wird dort am meisten gepflanzt.

Die Bäume in der Nordwestecke stellen einen Wald dar. In der Mitte steht eine Laterne. Tsukubai und Shishi Odoshi stehen am Rande des ›Waldes‹; Sand und Kieselsteine, die dort verstreut sind, sorgen für den Abfluß des Wassers. Der Sand und die Kiesel breiten sich aus und werden zu einem ›See‹. Steine bilden eine Trockenlandschaft, und in der Südostecke steht ein Bambuswäldchen. Moose, Farne, Büsche und Gräser sind die ›untere Etage‹ des Gartens. Kleine Bäume und Büsche, die zu verschiedenen Jahreszeiten blühen, stehen hier und dort verstreut, um gegenüber den höheren immergrünen Gewächsen durch Farbe und jahreszeitlichen Wechsel einen Kontrapunkt zu bilden. Niedrige Hecken mit wellenartigen Erhebungen wachsen in der Nähe der Trockenlandschaft; sie sollen der Gartenanlage größere Tiefe und eine deutlich dauerhafte Gestalt geben.

Die Namen der verschiedenen Bäume, Büsche und Bodendecker sind außerhalb des Anlageplans angegeben, als Beispiele für mögliche Pflanzungsmuster und -themen; die Ziffern bezeichnen den Standort im Garten. Die für die jeweilige Umgebung empfohlene Pflanze ist an erster Stelle aufgeführt (zunächst mit der wissenschaftlichen Bezeichnung, dann mit dem volkstümlichen Namen); es folgen weitere Arten, die man ebenfalls oder statt dessen verwenden kann. Man frage aber auch Gärtner und Baumschuler – unter Berufung auf die Pflanzenliste –, was sich für die spezielle Situation (Klima, Boden, Pflege usw.) eignen würde. Weitere Informationen bietet das Literaturverzeichnis.

In unsere Liste hier ist manchmal ein Baum unter der Überschrift ›Busch‹ aufgeführt und umgekehrt. Das bedeutet, daß der Baum oder Busch zu dieser neuen Rolle umgeformt worden ist. Die Höhe aller Pflanzen sollte unter Kontrolle gehalten werden, damit die einzelnen Gartenelemente im Gleichgewicht zueinander bleiben. Denn viele Pflanzen im Garten werden ohne Rückschnitt höher, als dies ihrer Umgebung entspricht; deshalb ist es unbedingt notwendig, das jährlich zu prüfen. Man sollte sich aber eine ungefähre Vorstellung davon machen, wie der Garten nach einigen Jahren aussehen wird und dementsprechend die Pflanzen auswählen und einem zu üppigen Wachstum vorbeugen.

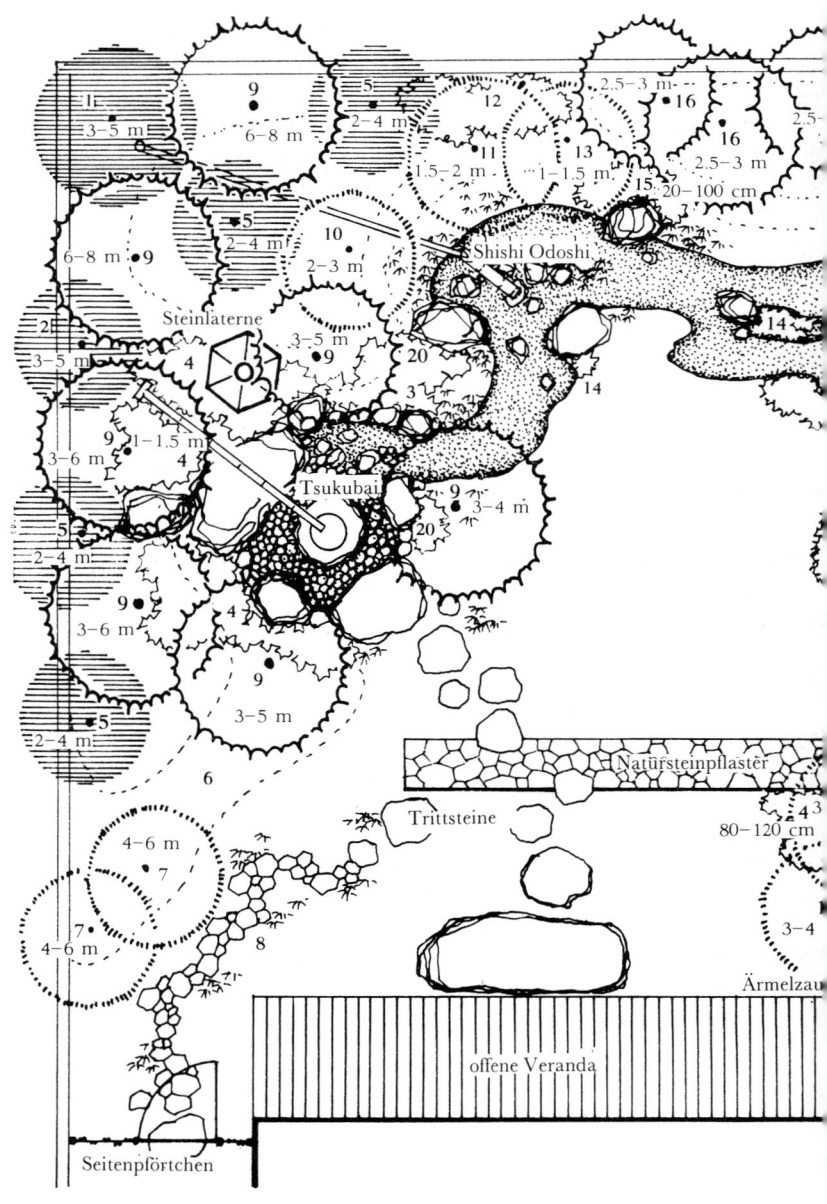

1
3−5 m

9
6−8 m

5
2−4 m

12

2.5−3 m
16

11
1.5−2 m

13
1−1.5 m

16
2.5−3 m

15
20−100 cm

2.5

5
2−4 m

10
2−3 m

6−8 m 9

Shishi Odoshi

Steinlaterne

3−5 m
9

20

14

2
3−5 m

4

3

14

9
1−1.5 m
4

Tsukubai

9
3−4 m

3−6 m

20

5
2−4 m

9
3−6 m

4

9
3−5 m

6

Natürsteinpflaster

Trittsteine

4 3
80−120 cm

4−6 m
7

3−4

7
4−6 m

8

Ärmelzau

offene Veranda

Seitenpförtchen

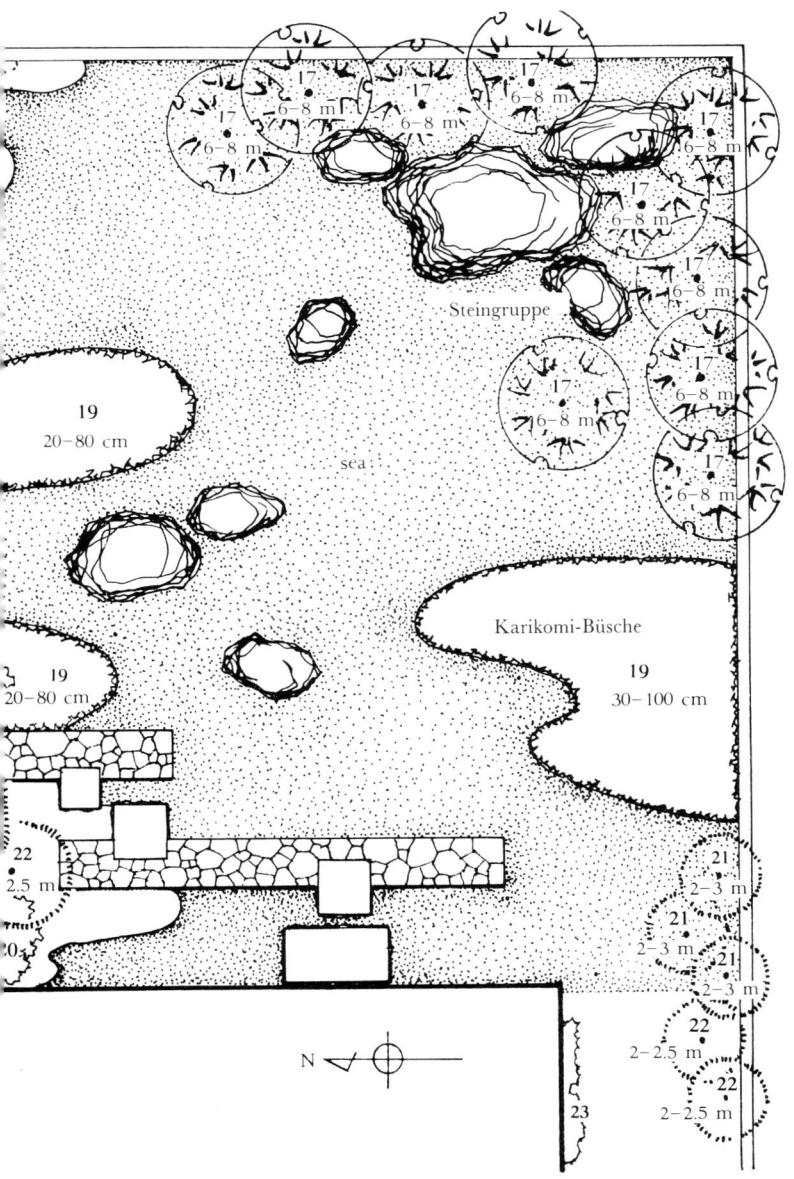

17
6–8 m

17
6–8 m

17
6–8 m

17
6–8 m

17
6–8 m

17
6–8 m

17
6–8 m

Steingruppe

17
6–8 m

17
6–8 m

17
6–8 m

19
20–80 cm

sea

19
20–80 cm

Karikomi-Büsche

19
30–100 cm

22
2.5 m

21
2–3 m

21
2–3 m

21
2–3 m

22
2–2.5 m

22
2–2.5 m

N

23

Pflanzen und Bäume im Garten

1. Halbhohe Immergrüne für die Grundstücksecke *Ilex*, Stechpalme, alle
mittelhoch wachsenden Arten und Formen, keine buntblättrigen
Cleyera japonica, nur für sehr geschützte Plätze
Osmanthus heterophyllus, Duftblüte

2. Halbhohe Immergrüne zwischen Bäumen
Osmanthus heterophyllus, Duftblüte
Cleyera japonica, s. oben
Viburnum rhytidophyllum, Immergrüner Schneball
Buxus, Buchsbaum

3. Blühende Unterpflanzung für schattige Bereiche am Wasser
Astilbe, Prachtspiere
Hemerocallis, Taglilie
Platycodon grandiflorus, Ballonblume
Ligularia dentata, Kreuzkraut

4. Niedrige Pflanzen zum Tarnen von Baumwurzeln
Rhododendron-Repens-Hybriden, Zwergrhododendron
Diamant-Azaleen
Pieris floribunda, P. japonica, Lavendelheide
Buxus, Buchsbaum
Osmanthus heterophyllus, Duftblüte (allmählich höher werdende Pflanzen
zurückschneiden)

5. Immergrüne mit attraktiver Blüte (nur im Container, außer Rhododendren,
nach der Frostperiode einsenken)
Rhododendron, besonders Wildarten
Camellia japonica, Kamelie
Camellia sasanqua, Kamelie
Osmanthus fragrans ›Aurantiacus‹, Duftblüte
Ilex pedunculosa, Stechpalme

6. Bodendecker
Polytrichum commune, Gemeines Widertonmoos oder Goldenes Frauenhaar
Selaginella helvetica, Moosfarn
Selaginella selaginoides,
Lycopodium spec., Bärlapp
Juniperus horizontalis ›Wiltonii‹, Kriechwacholder
Arenaria rigida (und andere Arten), Sandkraut
Arctostaphylos uva-ursi, Bärentraube
Thymus serpyllum, Thymian
(Im übrigen halte man sich – die Prinzipien der japanischen Gartengestaltung
vor Augen – an entsprechende europäische/deutsche Fachliteratur, die eine
Fülle weiterer Anregungen gibt.)

7. Laubbaum mit attraktiver Blüte, Herbstfärbung oder Zweigstruktur
Acer palmatum, Japanischer Fächerahorn
Cornus florida, *C. kousa*, Blumenhartriegel
Amelanchier canadensis, *A. laevis*, Felsenbirne
Acer ginnala, Feuerahorn
Prunus mume, Japanische Aprikose

8. Begleitpflanzung zum gepflasterten Weg
Sasa veitchii, Zwergbambus
Shibataea kumasaca, Mäusedornblättriger Bambus
Sasa palmata, Zwergbambus
Leucothoë fontanesiana, Traubenheide

9. Großer Baum als Hauptgestaltungselement
Pinus parviflora ›Tempelhof‹, Mädchenkiefer
Pinus densiflora ›Umbraculifera‹, Schirmkiefer
Pinus densiflora, Jap. Rotkiefer (frostempfindlich!)
Cryptomeria japonica, Japanische Sicheltanne
Chamaecyparis obtusa, Hinoki-Scheinzypresse
Tsuga caroliniana, Hemlocktanne
Tsuga canadensis, Hemlocktanne

10. Immergrüne vor höherem Baum im Hintergrund
Kalmia latifolia, Berglorbeer, Lorbeerrose
Photinia glabra und Formen, Glanzmispel
Prunus laurocerasus, Kirschlorbeer, Lorbeerkirsche
Osmanthus fragrans ›Aurantiacus‹, Duftblüte

11. Attraktive Blütensträucher
Chaenomeles speciosa, Japanische Scheinquitte
Enkianthus campanulatus, Prachtglocke
Syringa, Flieder (s. Pflanzenliste)
Weigelia florida, Weigelie
Hydrangea macrophylla, Hortensie

12. Niedrige Pflanzung für schattige Bereiche (Hierzu s. auch Stauden, Seite 239.)
Hosta fortunei, Graublattfunkie
Polygonatum commutatum, Salomonsssiegel
Aspidistra elatior, Schusterpalme (nur im Container)

13. Busch mit attraktiver Blüte oder Frucht
Viburnum plicatum f. *tomentosum,* Schneeball
Forsythia suspensa, Hänge-Forsythie
Enkianthus perulatus, Prachtglocke
Weigela florida, Weigelie
Hydrangea macrophylla, Hortensie

14. Niedrige Pflanzung um einen großen Stein
Polystichum acrostichoides, Amerikanischer Weihnachtsfarn
Matteucia struthiopteris, Straußfarn
Muscari, Traubenhyazinthe
Leucothoë fontanesiana, Traubenheide

15. Niedrige Pflanzen zum Tarnen von Baumwurzeln
Nandiana domestica, Nandina (im Container)
Gardenia jasminoides, Gardenie (im Container)
Hosta undulata, Schneefederfunkie (s. auch 4.)

16. Baum mit attraktiver Blüte, Frucht oder Zweigstruktur
Acer palmatum, Japanischer Fächerahorn
Acer buergerianum, Buergers Ahorn
Euonymus alatus, Korkflügel
Acer ginnala, Feuerahorn
Cornus florida, Blumenhartriegel
Prunus yedoensis, Yedo-Kirsche

17. Bambus zur Betonung von Steingruppen
Pseudosasa japonica, Breitblattbambus
Sinarundinaria murielae, China-Rohrgras
Sinarundinaria nitida, China-Rohrgras

Phyllostachys nigra ›Henonis‹ (nur bestgeschützte Lage)
Phyllostachys nigra (nur bestgeschützte Lage)
Semiarundinaria fastuosa (nur bestgeschützte Lage)

18. Blühender Baum oder Strauch
Prunus mume, Japanische Aprikose
Cercis siliquastrum, Gemeiner Judasbaum
Prunus yedoensis, Yedo-Kirsche
Chaenomeles speciosa, Japanische Scheinquitte

19. Niedrige geschnittene Wallhecke
Rhododendron japonicum, (Kurume-, Kaempferi- und Obtusum-Hybriden).
Japanische Azaleen
Buxus microphylla, Kleinblättriger Buchsbaum
Ilex crenata ›Convexa‹, Blasenblättrige Stechpalme
Osmanthus heterophyllus, Duftblüte

20. Niedrige Pflanzung in kleinen Tuffs
Hosta undulata, Schneefederfunkie
Miscanthus sinensis, Chinaschilf
Nandina domestica ›Pygmaea‹, Zwergnandine (im Container)
Equisetum hyemale, Jap. Schachtelhalm

21. Blütenstrauch
Enkianthus campanulatus, Prachtglocke
Enkianthus perulatus, Prachtglocke
Forsythia suspensa, Hänge-Forsythie
Keri japonica, Ranunkelstrauch

22. Blütenstrauch
Spiraea prunifolia, Spierstrauch
*Spiraea-*Bumalda-Hybride ›Anthony Waterer‹, Spierstrauch
Enkianthus campanulatus, Prachtglocke
Chaenomeles speciosa, Japanische Scheinquitte
Syringa, Flieder (s. Pflanzenliste)

23. Unterpflanzung
Hosta undulata, Schneefederfunkie
Iris japonica, Japanische Iris
Equisetum hyemale, Jap. Schachtelhalm

Bäume: Gestaltung und Schnitt

Gestaltung

Der japanische Gärtner gestaltet seine Bäume in dem Bestreben, ihre wahren Qualitäten zu enthüllen und ihnen eine ausgewogene Form zu geben, die mit dem übrigen Garten harmoniert. Die meisten Formungen werden von echten, lebenden Bäumen abgeleitet, wie man sie in Gegenden sieht, die den Naturgewalten besonders ausgesetzt sind, etwa ein Seeufer oder eine Bergspitze; die Gartenbäume wirken dann älter, als sie tatsächlich sind. Die hierbei angewandte Regulierung kennzeichnet die japanische Gartenkunst sehr genau; denn diese ›künstlichen‹ menschlichen Eingriffe sind es, die das Wesen des Gartens enthüllen: uranfängliche Natur, zeitloses Überdauern. (Anmerkung 24.)

Hier wird eine gebräuchliche Methode gezeigt, die man bei der Gestaltung einer Schwarzkiefer, einer Eibe oder einer japanischen Stechpalme anwendet. Der Stamm wird S-förmig gebogen; die Nadeln an den Zweigen werden zu kugelförmigen Büscheln, die einander links und rechts und von oben nach unten entsprechen, zurechtgeschnitten. Am besten fängt man im Mai oder Juni mit einem jungen, geschmeidigen, etwa 2 m hohen Baum an, den man schräg in den Boden pflanzt. Abwechselnd links und rechts vom Stamm werden Äste so entfernt (gepunktete Linien auf der Zeichnung), daß die verbleibenden einander nicht stören, wenn der Baum größer wird. Der S-förmig gebogene Stamm wird mit Hilfe von Pfählen und Stangen in seiner Stellung festgehalten.

Mit Stricken, Stangen und Pfählen werden auch, wie abgebildet, die Äste in der gewünschten Stellung festgehalten. Darauf achten, daß der Strick nicht in die Borke schneidet und lieber gleich eine Gummischeibe zwischen Strick und Ast legen. Die Äste ein wenig vor und hinter den Baum ziehen, so daß er um den Stamm herum voll wirkt und nicht symmetrisch aussieht. Jetzt die kleinen Zweige längs dem unteren Teil der Hauptäste beschneiden und die Formen der Nadelbüschel herausarbeiten. Die Pfähle läßt man so lange stehen, bis der Baum sich in seiner jetzigen Gestalt allein halten kann – ungefähr ein bis zwei Jahre.

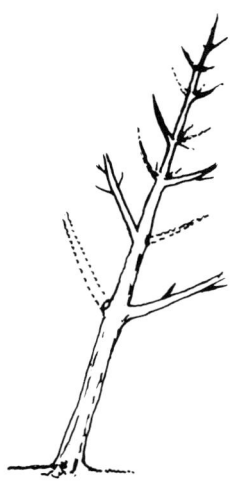

Äste abwechselnd
rechts/links entfernen

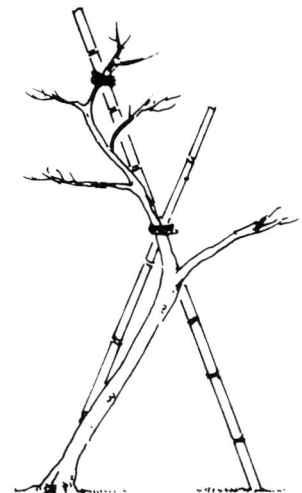

Dem Stamm eine
S-Kurve geben

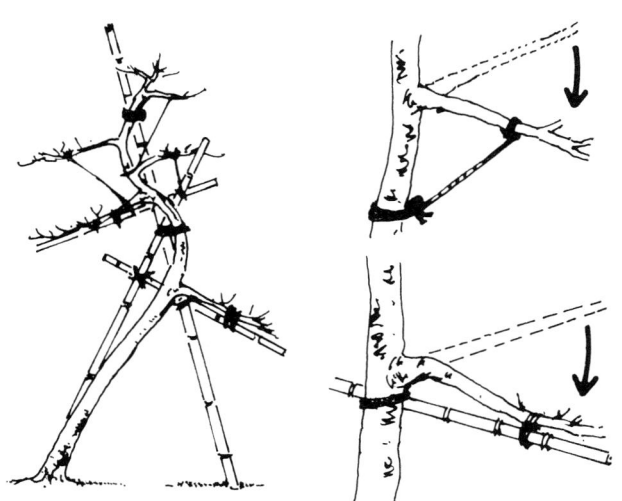

Fixieren der Seitenäste

Schnitt

Beschnitten werden Bäume nicht nur wegen der Form. Beschneiden gibt dem Baum Luft, läßt das Sonnenlicht überall hin, beugt Krankheiten und Schädlingsbefall vor, gibt dem Baum Kraft und lange Lebensdauer und verbessert die Qualität seiner Früchte und Blüten. Beschneiden kann man zu jeder Jahreszeit, aber gewöhnlich wird es im Frühsommer vorgenommen, wenn der Saft nicht mehr strömt oder, falls es sich um einen blühenden Baum oder Busch handelt, wenn die Blüte vorbei ist. Dem Schnitt verfallen Äste, die die gewünschte Wirkung beeinträchtigen oder von ihr ablenken, und Zweige, die abgestorben oder krank sind oder die zwischen den geformten Zweigen wachsen, sowie Triebe aus dem Wurzelbereich. Reitertriebe, parallel verlaufende oder andere Zweige kreuzende Triebe sollten ebenfalls entfernt werden, um die gesamte Form nicht zu stören. Die dicken Seitenäste an den konkaven Biegungen des S-förmigen Hauptstammes sollten so beschnitten werden, daß sie kürzer sind als die an den konvexen Biegungen. Das schafft ein Gleichgewicht der Gesamtansicht. Auf jeden Kratzer, der über 5–6 mm Durchmesser hat, wird Baumwachs gestrichen, und zwar dunkles, das die hellfarbene Schramme entsprechend der Umgebung übertönt.

Trimmen der Nadelpolster und Abschneiden
überflüssiger Zweige, um dem Baum Ausgewogenheit
und klare Linien zu geben

Wie man Zäune macht

Hier werden zwei Zäune gezeigt, die leicht anzufertigen sind und im japanischen Garten üblicherweise verwendet werden. Der Yotsume-gaki (›Vier-Augen-Zaun‹) ist ein Bambusgitter-Zaun von mittlerer Höhe; er kann für sich allein stehen oder hinter einer Reihe hoher Bäume an der Grundstücksgrenze. Der Misu-gaki (›Bambusblenden-Zaun‹) ist ein Sode-gaki (›Ärmelzaun‹), der an einem Gebäude entlanggeführt wird und als Windschutz fungiert oder unansehnliche oder störende Elemente dem Blick entzieht; er sieht wie ein Bambusvorhang aus. Der Spezialknoten, den man bei diesen Zäunen braucht, wird auf Seite 199–201 erläutert. Klima und Instandhaltung sind für die Lebensdauer eines Bambuszauns von großer Bedeutung; aber unter guten Bedingungen kann es zehn Jahre dauern, bevor man ihn ersetzen muß.

Yotsume-gaki

Der Yotsume-gaki ist ein mittelhoher Bambus-Gitterzaun mit Holzstützen: zwei ihn überragenden Endpfählen und zaunhohen Innenpfählen, deren Abstand 180 cm beträgt. Das Gitter wird aus horizontal und vertikal angebrachten Bambusstöcken gebildet, wobei die senkrechten Stöcke abwechselnd vor und hinter den waagrechten stehen. Der Zaun kann beliebig lang sein; die Stöcke können nach Bedarf angestückt werden (s. Seite 192–195).

Auswahl der Materialien

Holzpfähle. Die End- und Innenpfähle können aus preiswertem Holz sein, zum Beispiel Kiefer; allerdings wird Zedernholz schöner aussehen und länger halten. Die Pfähle sollten gerade sein, ohne Risse und Knorren; die Rinde sollte abgeschält und die Oberfläche einwandfrei sein. Die Endpfähle sind 140 cm lang und haben einen Durchmesser von 7,5 cm; die Innenpfähle sind 130 cm lang und 6 cm im Durchmesser.

Bambus. Etwa 5 m lange Bambusstöcke mit einem Durchmesser von 3–4 cm werden für das Gitter zugeschnitten (s. hierzu Anmerkung 5). Für 6–7 m Zaun braucht man ungefähr 15 solcher Stöcke.

Werkzeug

Kleiner Spaten
Hammer
Holzhammer, um den Bambus in die Erde zu klopfen
Säge mit mittelgroßen Zähnen für das Holz
Säge mit feinen Zähnen für den Bambus
Messer zum Bambusspalten
Schnecken- oder Drillbohrer
Zollstock oder Bandmaß
Wasserwaage
Pinsel
Richtschnur
Reißnägel

Maße

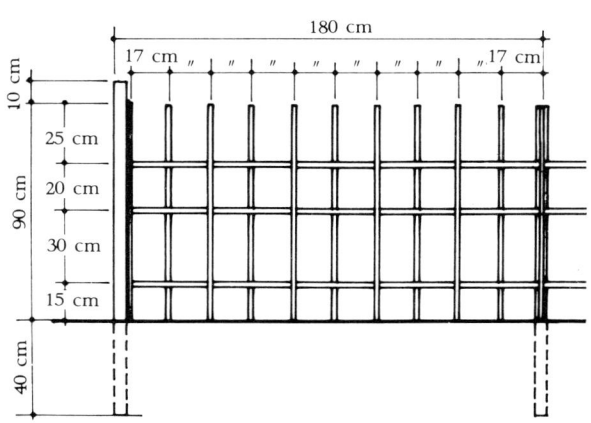

Yotsume-gaki

Anordnung
der Pfähle und
waagerechten
Bambusstangen

Wenn allerdings nicht sehr viel Glück im Spiel ist, wird nicht jeder Stock auf ganzer Länge brauchbar sein; einige sind vermutlich verbogen oder gequetscht, oder die Knoten sitzen ungünstig. Der beste Bambus stammt aus gemäßigten Klimazonen (er verdirbt nur langsam); Bambus, den man im Winter schneidet, ist haltbarer als der im Sommer geschnittene. In Japan empfiehlt sich grüner, frisch geschnittener Bambus, aber in Europa ist so gutes Material schwer zu bekommen. Ist gar kein Bambus aufzutreiben, kann man sich mit *Chamaecyparis thyoides* oder *Thuja occidentalis* behelfen; die Wirkung ist aber natürlich nicht die gleiche.

Bindfaden. Die Gitterstöcke werden mit Schnur zusammengebunden; sie soll wetterfest, gut gedreht und, damit sie sich von der Farbe des Bambus abhebt, schwarz eingefärbt sein. Sie wird doppelt genommen; man braucht etwa 27 m für je 2 m Zaun.

Nägel. Zinknägel, 6–7,5 cm lang.

Vorbereitung

Den Boden von Steinen, Pflanzen und Unebenheiten frei machen. End- und Innenpfähle unten so weit, wie sie in die Erde eingegraben werden, mit Holzschutzmittel behandeln – Ansengen hat die gleiche Wirkung –, oben mit Bürste und Wasser reinigen.

Konstruktion

1. Endpfähle. An beiden Enden des Zaunes ein Loch von etwa 40 cm Tiefe graben, den Endpfahl einsetzen und, wenn man sich vergewissert hat, daß er gerade steht, das Loch mit Erde auffüllen.

2. Richtschnüre. Um die Höhe des Gitters zu markieren, zieht man eine Schnur zwischen den beiden Endpfählen und befestigt sie daran 10 cm unterhalb der oberen Kante. Damit die Richtschnur nicht durchhängt, wird sie mit Zwecken an die Innenpfähle geheftet, wenn diese stehen (3. Schritt).

Eine weitere Richtschnur unten, jetzt aber auf der Rückseite, zwischen den Endpfählen ziehen – das ist die Fluchtlinie der Innenpfähle.

3. Innenpfähle. Die Innenpfähle stehen 180 cm auseinander; mit der oberen Richtschnur wird ihre Höhe ausgerichtet, mit der unteren werden die Vorderflächen der Innenpfosten mit den Rückenflächen der Endpfähle in eine Linie gebracht. Die Pfosten 40 cm tief in den Erdboden setzen, die untere Richtschnur entfernen. Auf jedem Pfahl die Punkte markieren, wo die Horizontalstangen des Bambusgitters angenagelt werden (vgl. 4); jede Horizontalstange und deren Verlängerung sollte über die gesamte Länge des Zaunes eine Parallele zum Erdboden bilden.

Schritte 1, 2, 3

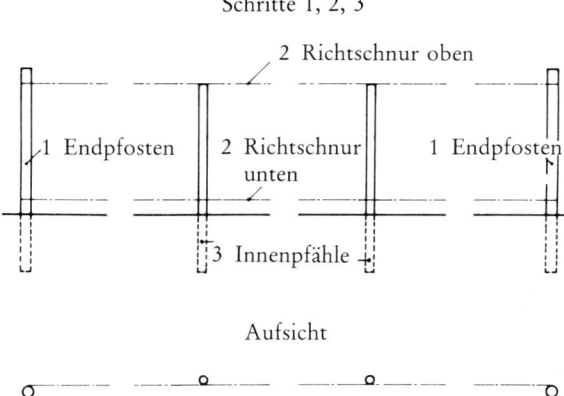

Aufsicht

Die untere Richtschnur läuft an den Rückseiten der Endpfosten und den Vorderseiten der Innenpfähle entlang

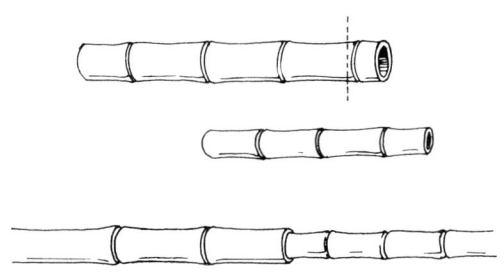

Verlängern eines Rahmenpfostens durch Einschieben einer dünneren Spitze in die dickere Basis eines Bambusstabes

193

4. *Horizontale Gitterstangen.* Gerade Bambus-Längen einzeln mit einer Bürste säubern. Jede Stange verjüngt sich nach oben, hat also ein dickeres Ende unten (›Basis‹) und ein dünneres oben (›Spitze‹). Das Gitter beginnt an einem Endpfahl mit den Horizontalstangen, und zwar so, daß abwechselnd von oben nach unten Basis und Spitze den Anfang bilden. Die Stangen am Endpfahl anbringen: jede knapp unter oder über dem Knoten in einem Winkel von 45 Grad absägen; in den stehengebliebenen Teil, nahe dem Knoten, ein Loch bohren. Diesen Teil auf der hinteren Fläche des Endpfahles dicht aufsitzen lassen und befestigen – einen Nagel durch das Loch schlagen. Achtgeben, daß man mit dem Hammer nicht den Bambus trifft oder den Nagelkopf in die feine Faser schlägt.

Verlängern einer Bambusstange: eine Spitze in eine Basis stecken. Löcher in die Horizontalstange bohren und diese an die inneren Stützpfähle nageln. Mit der Befestigung am zweiten Endpfahl verfahren wie beim ersten.

Die Holzpfähle mit einem Holzschutzmittel behandeln.

5. *Vertikale Gitterstangen.* Die vertikalen Gitterstangen sollten über die ganze Zaunlänge einen Abstand von 17 cm einhalten; je eine Stange kommt in den Innenwinkel des Endpfahls und je eine unmittelbar vor jeden Innenpfahl.

Die Gitterstangen werden in Richtung Basis – Spitze zugeschnitten; ihre Länge sollte ein wenig mehr als die Höhe des Zaunes betragen, und sie sollten an der Spitze mit einem Knoten enden, damit sich kein Wasser im Bambus sammeln kann. Die senkrechten Gitterstangen abwechselnd vor und hinter den waagrechten setzen; mit dem Holzhammer oder einem flachen Stein leicht draufklopfen, bis sie allein stehen können und ihre Spitzen mit der Richtschnur auf einer Linie liegen. Falls nötig, die Basis anspitzen; geht sie überhaupt nicht in den Erdboden hinein, dann schneidet man die Stange ab und befestigt sie vorläufig mit Bindfaden oder Klebenband an den Horizontalstangen.

6. *Festbinden des Gitters.* Das nun fertige Gitter wird von der Rückseite her mit Bindfaden an die Innenpfähle gebunden. Dann verbindet man die Schnittpunkte der vertikalen und horizontalen

Gitterstangen und prüft dabei ständig, ob alles richtig sitzt. Die vertikalen Stangen stehen abwechselnd auf der Vorder- und auf der Rückseite – man bindet jede Stange von der Seite des Gitters her an, auf der sie steht, und man arbeitet dabei von unten nach oben. Wenn das Gitter befestigt ist, prüft man die Vertikalen, die Horizontalen und die Höhen und entfernt dann die Richtschnur.

Schritt 4

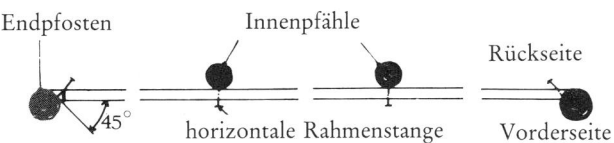

Schritt 5

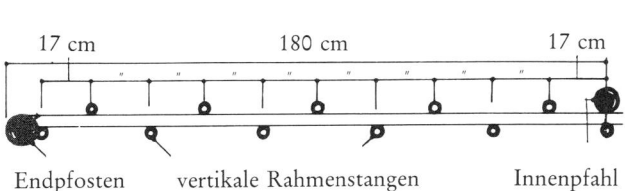

Misu-gaki

Der Misu-gaki ist ein Ärmelzaun, der wie ein Bambusvorhang wirken soll. Mit ihm läßt sich Unerwünschtes der Sicht entziehen oder die Hausecke in den Garten hinein verlängern. Er besteht aus horizontal auf zwei Holzpfähle genagelten Bambusreihen. Gespaltene, halbrunde Bambusstöcke, an die Pfähle gebunden, verdecken die Nägel.

Auswahl der Materialien

Für die Pfähle braucht man zwei Längen Kiefern- oder Zedernholz, je 240 cm, Durchmesser 6 cm. Für die horizontalen Reihen wäre grüner Bambus ideal – leider kaum zu haben; benötigt werden etwa 55 Stück, je 150 cm lang, Durchmesser 3 cm. Die eine Hälfte davon sollte an der Basis knapp unterhalb eines Knotens abgeschnitten sein, die andere Hälfte an der Spitze knapp oberhalb eines Knotens. Schließlich braucht man 110 Zinknägel, 4,5 cm lang, und zu ihrer Tarnung zwei Längen Bambus (je 2 m, Durchmesser 3–4 cm), die gespalten werden.

Vorbereitung

Die Holzpfähle ansengen, mit einer Bürste abreiben, mit Wasser säubern, trocknen lassen.

Eine Markierungshilfe für die Bohrlöcher in den Bambusstücken anfertigen: Man setzt eine Latte gegen ein Stück Holz – das Holz stellt die Hausmauer dar, zwei Markierungen auf der Latte, Abstand 110 cm, zeigen an, wo der Bambus auf die Pfähle genagelt werden soll. Das ›knotenlose‹ Ende jedes Bambusstücks gegen das Holzstück legen, dann über den Markierungen auf der Latte bohren. Man vergewissere sich, daß das Bambusstück ganz gerade oder daß eine Krümmung zumindest nicht erkennbar ist, wenn man den Zaun von vorn sieht.

Die beiden zur Tarnung vorgesehenen Bambusstöcke in je zwei halbkreisförmige Stücke spalten – dazu treibt man ein Messer durch ihre ganze Länge.

Misu-gaki

Schritt 1

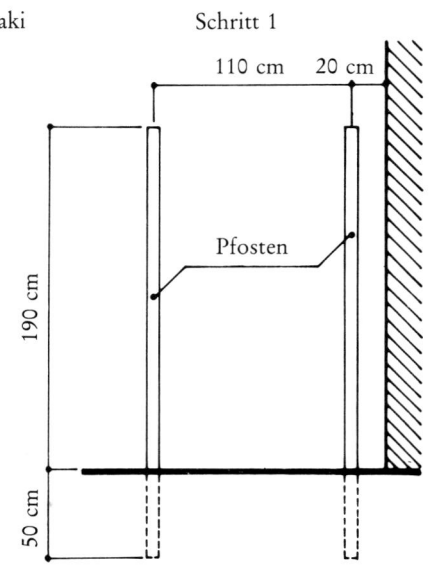

110 cm 20 cm

190 cm

50 cm

Pfosten

Schritt 2

150 cm

10 cm

Bambus-
latten

Lot

Schritt 3

150 cm

Knoten (vorn und hinten)
Spaltbambus

15 cm

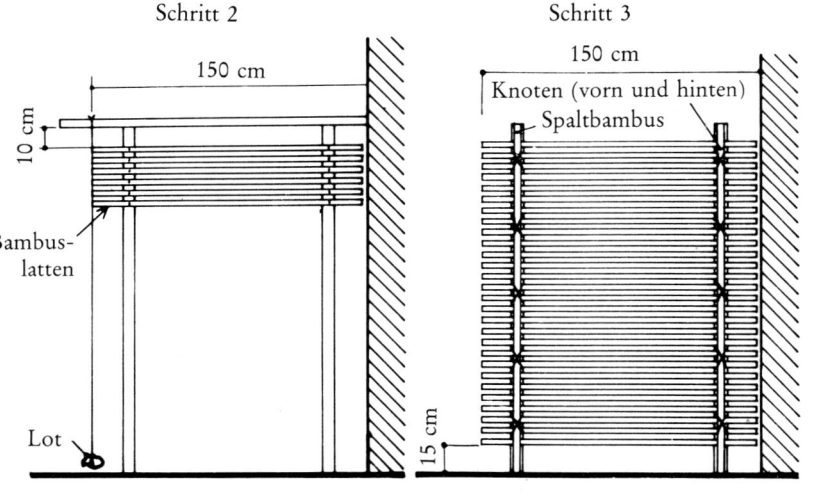

Konstruktion

1. Holzpfähle. Den ersten Pfahl 20 cm von der Hausmauer entfernt setzen, den zweiten 110 cm vom ersten entfernt; die Linie von den zwei Pfählen zum Haus ist senkrecht. Die Pfähle etwa 50 cm tief in den Boden senken. 190 cm bleiben darüber.

2. Bambus-›Vorhang‹. Oben an den Pfählen (mittels der abgebildeten Hilfskonstruktion) ein Senkblei aufhängen; die Schnur muß 150 cm von der Hausmauer entfernt herunterhängen.

Man beginnt 10 cm unterhalb der Pfahloberkanten damit, die Bambusstöcke parallel zum Erdboden anzunageln. Jeder wird dicht unter den vorangehenden gesetzt, und zwar abwechselnd: dem an einem Spitzenknoten abgeschnittenen Stock folgt ein an einem Basisknoten abgeschnittener; dabei ist der Knoten stets auf der dem Haus abgewandten Seite des Zaunes anzubringen. Dieser ist etwa 15 cm über dem Boden fertig.

Gespaltener Bambus. Mit den gespaltenen Bambusstöcken werden die Nägel verdeckt, die in einer Reihe entlang den Pfählen eingeschlagen sind. Diese Stöcke werden von oben her in die Erde getrieben, bis sie allein stehen können. Danach bindet man jeden mit fünf Knoten an die Pfähle, wobei jeder Knoten zwei horizontale Stöcke umschließt. Zum Schluß bindet man die beiden übriggebliebenen Längen an die Rückseite der Pfähle.

Wie man den Knoten für den Yotsume-gaki bindet

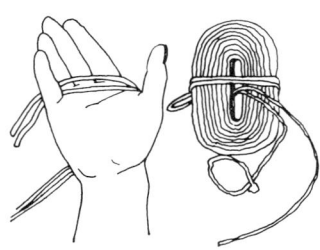

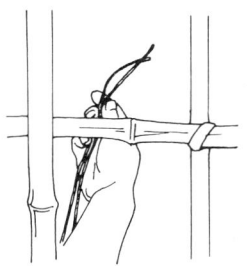

1/2   Die Schnur doppelt nehmen, neu aufwikkeln und das Knäuel anfeuchten. Nasse Schnur ist einfacher zu handhaben und zieht sich beim Trocknen fest um das Gitter.

3   Die Schnur mit der rechten Hand, von der Rückseite des Gitters her, rechts unterhalb der Stangenkreuzung unter der horizontalen Stange hindurchführen.

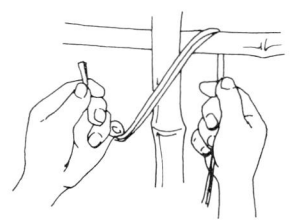

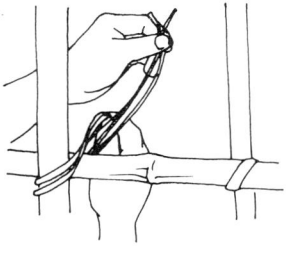

4   Das Ende in die linke Hand nehmen und es über die horizontale Stange hinweg zu sich her, zur Vorderseite des Gitters, ziehen.

5   Die Schnur (links unterhalb der Stangenkreuzung) um die vertikale Stange herumführen, kurz loslassen und unter dem langen Ende hinten hindurchziehen.

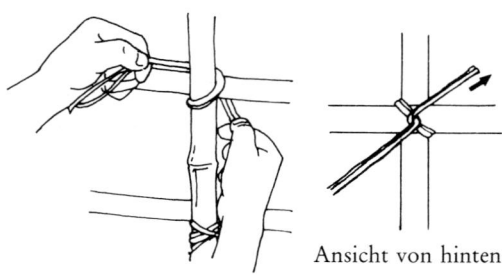

Ansicht von hinten

6 Fest anziehen (mit gekreuzten Armen), damit die Schnur hinten am Gitter, wo sie ein Kreuz bildet, straff sitzt. Dann das kurze Ende zur Vorderseite des Gitters ziehen.

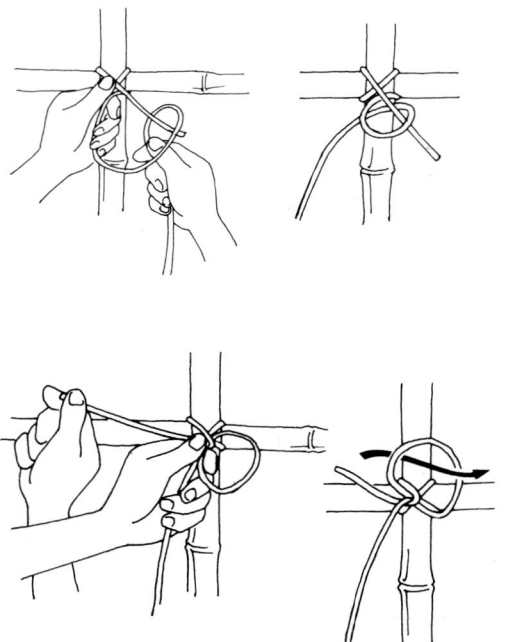

8 Das kurze Ende loslassen. Mit der rechten Hand das lose hängende lange Ende fassen und daraus eine Schlinge machen, die im Uhrzeigersinn über und um das kurze Ende herumläuft. Den die Schlinge bildenden Teil des langen Endes zwischen linkem Daumen und Zeigefinger festhalten, damit die Schlinge nicht verrutscht.

10 Das kurze Ende durch die Schlinge schieben; sobald es hindurch ist, strammziehen, bis es wieder von der linken Hand festgeklemmt wird.

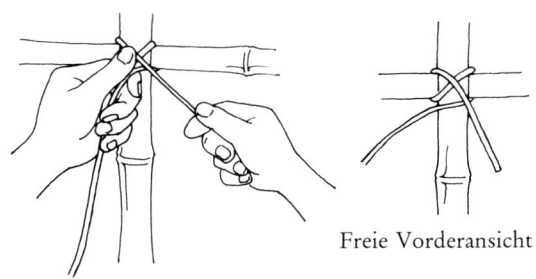

Freie Vorderansicht

7 Auf der Vorderseite der vertikalen Stange das lange und das kurze Ende so kreuzen, daß das kurze Ende oben liegt, mit der rechten Hand festhalten und strammziehen. Den Schnittpunkt zwischen linken Daumen und Zeigefinger klemmen. Die linke Hand bleibt in dieser Stellung bis Punkt 11.

9 Das lose kurze Ende in die rechte Hand nehmen, nach links hochschieben und, sobald es unter dem linken Arm hindurch ist, seinen unteren Teil mit den Fingern der linken Hand festhalten.

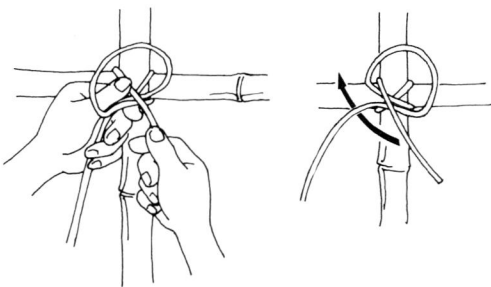

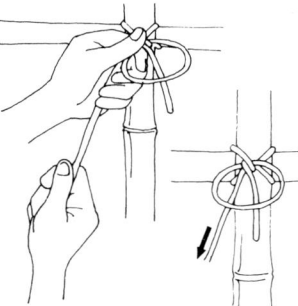

11 Das kurze Ende loslassen. Mit der rechten Hand am langen Ende ziehen, bis der Knoten richtig sitzt.

12 Die Enden auf eine Länge von etwa 2 cm kappen. Und jetzt den Knoten üben, bis die Handbewegungen automatisch werden.

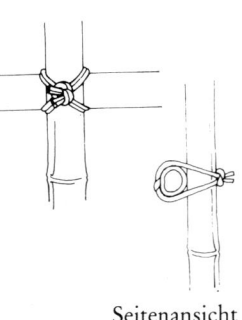

Seitenansicht

201

Ergänzung des deutschen Bearbeiters

In diesem Buch werden japanische Gestaltungsprinzipien und die daraus abgeleiteten Elemente der traditionellen Gartenarchitektur in einer ganz bestimmten Absicht vorgestellt: Der Leser, welcher die zu dieser Gartenkultur führenden philosophisch-ästhetischen Grundlagen auch für sich und unsere Zeit noch als relevant erkennt, soll entscheiden können, ob überhaupt und, wenn ja, wo in seiner Gartensituation Probleme vielleicht besonders gut auf japanische Weise gelöst würden; wenn er erst die einzelnen Elemente kennt, sollte er zu einem tieferen Verständnis von Ursache und Wirkung auf diesem besonderen Felde der Ästhetik finden, dessen mögliche künstlerische Dimension bei uns immer noch zu kurz kommt.

Richtig und auf Dauer überzeugender ist es, wie viele Abbildungen belegen, von einer Grundidee auszugehen und sie als Maßstab für jede Gestaltung anzuerkennen – das tat der japanische Gartenarchitekt seit je. Die bedeutenden gärtnerischen Meisterwerke sind bis auf den heutigen Tag so modern, weil ihre geistige Basis zeitlos bleibt. In der europäischen Gartenkultur können wir wohl verschiedene Epochen und Stile unterscheiden – manchmal sind es nur Moden gewesen –, die zweifellos auch bemerkenswerte Anlagen entstehen ließen. Nicht aber gibt es bei uns einen über die Jahrhunderte wirksam bleibenden geistigen Nährboden, der das Kulturschaffen in eben diesem Bereich trägt, vergleichbar dem japanischen Zen-Buddhismus, ohne den ›Japanisches‹ auch heute nicht zu verstehen ist.

In der Gärtnerei stimmt das auf mehrfache Weise: Der Zen-Buddhismus bejaht, anders als das Christentum, nachdrücklich das Diesseits und diesseitiges Leben. Im Zusammenwirken mit dem nie ganz verdrängten Shintoismus, der ältesten noch erhaltenen Natur-religion, bildet sich in Japan, stärker und differenzierter als in den anderen buddhistischen Ländern Asiens, ein Naturgefühl heraus, das religiöse, ethische und ästhetische Aspekte hat und die gesamte japanische Kulturgeschichte durchzieht.* Ja, es ließe sich die klassische japanische Kulturgeschichte fast gänzlich als eine durch die Zeiten fortlebende Variantenreihe des immer wieder neu, originell und tiefer und treffender zu interpretierenden Hauptthe-mas ›Natur‹ beschreiben. Es ist leicht einzusehen, daß diese tiefgegründete Naturverbundenheit eine ideale Voraussetzung für die Gartenkultur bot, sowohl was die gestaltenden Künstler an-ging, als auch das diese Kunstwerke genießende Publikum. Denn Produktion und Apperzeption sind voneinander abhängig, bedin-gen sich wechselseitig. Das heißt, schließlich haben die Menschen immer die Gärten, welche sie ›verdienen‹. Es ist ein Geist, der die einen kreativ sein, die anderen die Werke recht würdigen läßt. Außerdem besteht ein direkter Bezug zur Gartenarchitektur im Teekult (Cha-no-yu). Cha-no-yu erfordert einen kleinen, intimen Gartenraum mit einer einfachen Hütte darin, wo mit den Freunden der Tee getrunken wird, wo man sich ruhig unterhält. D. T. Suzuki (1958) schreibt über das Cha-no-yu: »Lasset uns also einen kleinen Raum in einem Bambusgebüsch oder unter Bäumen erbau-en, rings umher aber Bäche und Felsen anlegen, Bäume und Gebüsche pflanzen. Drinnen wollen wir Holzkohle schichten, einen Kessel aufs Feuer setzen, ein paar Blumen anbringen und das notwendige Teegerät ordentlich bereitstellen. Und das alles wollen wir im Einklang mit dem Gedanken tun, daß wir in diesem Raum uns der Bäche und Felsen erfreuen wollen, so wir in der Landschaft die Flüsse und Berge genießen und den verschiedenen Stimmungen und Gefühlen uns hingeben, die Schnee und Mondschein, Bäume

---

* Nicht in der kämpferischen Auseinandersetzung mit der Welt (Natur), sondern in der befreienden Einswerdung mit den Elementen sieht der Buddhist sein Ziel. »Der Buddhist liegt nicht im Krieg mit der Natur, sondern er und die Natur sind eins, indem sie das Leben des Dharma leben.« Suzuki, a. a. O.

und Blumen in uns wecken, indem sie durch die Verwandlung der Jahreszeiten, des Erscheinens und Dahinschwindens, des Aufblühens und Welkens hindurchgehen. Wenn die Gäste hier mit der gebührenden Ehrfurcht begrüßt sind, so lauschen wir in Ruhe dem Sieden des Wassers im Kessel, das gleich dem Wind klingt, wenn er durch die Kiefernnadeln streift, und vergessen alle Qual und Sorgen der Welt. Dann gießen wir einen Schöpflöffel voll Wasser aus dem Kessel und gedenken der murmelnden Wellen im Bergbach – so wird aller Staub von unserer Seele abgestreift. Hier ist dann wirklich eine Welt der Einsiedler und der Heiligen auf Erden.«

Stichhaltig geht aus diesem Text die Untrennbarkeit von kultischer Zeremonie und Gartengestaltung hervor. In einigen Epochen der Geschichte war der Teekult und die in ihm zelebrierte geistige Haltung bei den führenden Kreisen so bedeutsam, daß die in diesem Zusammenhang geforderte Einstellung und Anschauungsweise auf weitere Bereiche ausstrahlte. Selbstverständlich wurden die Grundsätze der Anlage eines Gartens um das Teehaus herum auch bei anderen Situationen mit berücksichtigt. Das Ausschalten des Überflüssigen und das Streben nach Einfachheit (nicht Kunstlosigkeit) im Cha-no-yu ist auch heute noch eine unabdingbare Forderung künstlerischer japanischer Gartenarchitektur, und zudem ist es ein einfach zu handhabendes Kriterium für Wert oder Unwert einer Anlage. Daher steht, für uns Europäer zumal, am Beginn der Auseinandersetzung mit japanischer Gartenkultur das Studium des Zen-Buddhismus. Wenigstens ein Überblick ist nötig. In der Bibliographie werden die Titel einiger grundsätzlicher Schriften angegeben. Nach der Beschäftigung damit wird man erleben, welche Freude es macht, die japanische Formensprache von der Motivation her zu verstehen und nicht gezwungen zu sein, sich ganz oberflächlich an den äußeren Erscheinungsformen zu orientieren.

An dem von Shinichi Hisamatsu (1958) aufgestellten Kanon der Zen-Charakteristika in der Kunst haben wir (frei zitiert nach Schaarschmidt-Richter 1979) deutliche Orientierungshilfen, deren überaus vielseitige Anwendbarkeit ein weiterführendes Studium allerdings nicht überflüssig macht:

1. Fukinsei – Asymmetrie. Offene Balance, ausgewogenes Gleichgewicht, doch ohne Schematismus. (Symmetrie wäre logisch, abstrakt.)

2. Kanso – Einfachheit. Rein, offen, naiv (nicht raffiniert), nicht ausgeklügelt, unsorgfältig (in der Wirkung) nichts, was behindert, nichts, was überflüssig ist.

3. Kokō – kostbare Einfachheit. Schmucklos erhaben, würdig altern, reif werden, bewußt und willentlich erlebte Geschichtlichkeit. Altwerden ist ein wesentliches Kriterium des Zen. Es bedeutet nicht Sterben, sondern Vollendung, Erreichen des Kerns der Dinge, gleichzeitig Sorglosigkeit und Hochherzigkeit.

4. Shizen – spontane Natur. Aber nicht freie Natur in all ihrer Zufälligkeit, sondern vom Menschen aus der Erkenntnis heraus, nicht gekünstelt, aufs Wesentliche gebracht.

5. Yūgen – unergründliche Tiefe, Anmut, vornehm zurückhaltend. Nicht das Ganze unverhüllt ausdrücken, sondern mit dem andeutungsweise Dargestellten das Bodenlose, Mutei, Unendliche ahnen lassen.

6. Datsuzoku – Überwindung der Welt. Frei sein von Bindungen. Grundlage für die klassischen Abstraktionen: indem es, alle Form enthaltend, frei von allem ist, kann es alle Form haben, da es absolut keine Form hat.

7. Seijaku – reine Stille, nicht geräuschvoll. Die Stille in der Bewegung, gleich der Musik im Nō-Spiel. Es bedarf keiner äußeren Bewegung des Ich, denn es ist in sich bewegt.

Zu nennen sind in dem Zusammenhang auch noch die im Vokabular der abendländischen Kunstbetrachtung nicht vorkommenden Begriffe ›Sabi‹ und ›Wabi‹. Im Cha-no-yu bezeichnen beide Worte Armut, einfach (wesentlich) werden, Einsamkeit. Diese schlichte Zurückgezogenheit ist innerlich mit der Wabi-Stimmung erfüllt. Ohne bewußt erlebte Ästhetik ist es nicht. Suzuki erläutert die rechten Wabi-Zustände anhand einiger erhellender Anekdoten. Er weist nachdrücklich darauf hin, daß im Wabi ästhetische und sittliche Forderungen miteinander verschmelzen. Nicht zuletzt liegt hier die besonders Ausdruckskraft der Gartenanlagen der bedeutenden Zen- und Teemeister.

Man weiß es zwar keineswegs immer genau zu benennen, aber daß es mehr ist, als was man sieht, fühlt selbst der Uneingeweihte: die ausgesuchte Qualität der Materialien, die unbewußt erspürte formale Logik, die ethische Kraft werden empfunden selbst dort, wo man sie nicht versteht. Sicher gibt es eine Reihe legitimer Gartenfunktionen, denen die japanische Behandlung des Themas nicht gerecht wird, auch gar nicht gerecht werden will; andererseits bietet die klassische japanische Gartenkultur überaus praktische Lösungen für ganz aktuelle Probleme, zum Beispiel Vorgärten, Hauseingänge, Gartenhöfe (Stadt), Kleinsträume zwischen Haus und Grundstücksgrenze, Dach- und Atriumgärten, und sie bietet darüber hinaus – darauf muß mit Nachdruck immer wieder hingewiesen werden – eine für uns völlig neue Dimension originärer, künstlerischer Gestaltungsmöglichkeit im Gartenbereich. Dies erfordert natürlich vom Gartenbesitzer eine ganz klare Entscheidung und will sorgfältig überlegt sein, da sehr viele Vorstellungen, die sich in Europa allgemein mit dem Begriff ›Garten‹ verbinden, dann eben nicht erfüllt werden. Denn wer vor allem ein Pflanzenfreund ist, auf dessen Beeten sich die wogende Vielfalt herrlicher Stauden in ununterbrochenem Blühen vom Frühjahr bis in den späten Herbst austoben soll, oder wer seltene Pflanzen wie Preziosen sammeln möchte oder unter den Gehölzen und Kräutern in ganz individueller Vorliebe bestimmte Formen, Farben und Arten ziehen will, wer schließlich sich auf ein einziges Gartenthema nicht festlegen kann – es sei denn, auf einem besonders großen Grundstück ließen sich mehrere getrennte Bereiche, ohne sich gegenseitig zu stören, als kleinere Einheiten völlig autark gestalten –, ja, für den ist japanische Gartengestaltung nicht das richtige. Der sollte sich anhand der vielen wunderbaren Kunstbände über die asiatische Kultur informieren, in seinem Garten aber weiterhin europäisch planen.

Ließ jedoch vielleicht schon die erste Begegnung mit dem Gedankengut des Zen-Buddhismus, ein erster Blick auf die Fotografien japanischer Gärten ahnen, daß ein Garten mehr und anderes bieten könne als die bekannten Gartenfreuden, daß er mir einen Raum bietet, in dem ich wirklich künstlerisch tätig werden, in dem ich mich selbst verwirklichen kann, dann ist die japanische Gestaltungsweise mehr als alle denkbaren europäischen Ansätze geeignet, diese Erlebniserwartungen zu befriedigen.

In der Bonsai-Kultur und noch deutlicher bei der Blumensteckkunst, dem Ikebana, sind die kreativen Aspekte bei uns schon länger anerkannt und werden ja auch hier in vielen Schulen – so weit das möglich ist – gelehrt. Die Gartenkultur bietet mit anderen Materialien virtuell ebenfalls Raum zu) naturverbundener Kreativität, die eine weiter andauernde positive Rückwirkung ausübt auf diejenigen, welche pflegend, betrachtend in und mit ihr lebend, kurz, sich weiterhin mit ihr auseinandersetzen. Beileibe nicht muß man Buddhist werden, eine gewisse Geneigtheit jedoch zu philosophisch-meditativer Denkhaltung wäre angebracht. Die muß nicht auf ostasiatisches Gedankengut fixiert sein; auch durch Einfühlung kann man die ästhetisch-ethischen Forderungen des Zen würdigen lernen und aus den ›Produkten‹, welche diese Religionsphilosophie hervorbrachte, seelische Kraft schöpfen.

Dichter, kompromißloser und reiner das Wesen des Gartens zu fassen, wie er vor allem in den japanischen Klöstern als Meditationsfolie schon in Bereiche der abstrakten Kunst vorstieß, die sich in Europa erst Jahrhunderte später entwickelte, das kann eine reizvolle, tief befriedigende Lebensaufgabe werden, ein intensives Zwiegespräch des Menschen mit der Natur – in dieser konzentriert – ruhigen Stille allerdings allen modischen Zeitströmungen völlig entgegengesetzt. Wenn wir das Naturgefühl des vom Zen-Buddhismus geprägten japanischen Gartenkünstlers verstehen, ja vielmehr noch – wenigstens in einigen Bereichen – uns zu eigen machen können, so sollte, unabhängig von den realen klassischen Vorbildern, uns heute auch hier in Europa eine überzeugende Gartenkunst gelingen, die nicht an der Oberfläche dekoriert, sondern, vom Wesentlichen inspiriert, die sich ihr öffnenden Menschen wieder wesentlich werden läßt.

In drei großen Kategorien hat sich in Japan Gartenkultur manifestiert, nämlich: Landschaftspark, Teegarten, Betrachtungsgarten.

Im großen Landschaftspark mit Teichen, breiten Wegen, verschiedenerlei Gebäuden (Pavillon-Architektur) wandert man herum, rudert vielleicht über das Wasser, oder man betrachtet von einzelnen Punkten die vielerlei Aspekte der großzügigen Komposition. In diesen Dimensionen bedürfen wir in Europa kaum wesentlicher Anregungen. Hier haben wir am englischen Gartenstil genug Eigenes aufzuweisen.

Der Teegarten, die kleine, intime Anlage um das Teehäuschen, ist ganz auf das Cha-no-yu bezogen und unabdingbarer Rahmen für das in der Teezeremonie sich abspielende Gesellschaftskunstwerk – dieser Garten(teil) ist selber Kunst geworden. Die Grundvorstellung ist, wie schon gesagt, eine ärmliche kleine Hütte im Gebirge, überschattet von einem knorrigen, alten Baum, ringsum Felsen und Steine, vielleicht noch ein Bach in der Nähe, weitab von der lärmenden Geschäftigkeit der Zivilisation. Zwar sind die im Garten zu verwendenden Elemente kanonisiert, doch bieten sich bei der Auswahl der Materialien und bei den Zuordnungen im Raum reichlich Möglichkeiten zu schöpferischem Gestalten. Da der Teegarten so klein ist, läßt er sich auch auf den heute meist bescheidenen Grundstücken anlegen.

Geringe materielle Ansprüche stellt ein Roji-Teegarten; daher wären die meisten von uns in der Lage, diese Form des japanischen Gartens zu verwirklichen. Wenn man ihn dann noch seiner eigentlichen Funktion entsprechend nutzen würde, hätte man eine gute Alternative zum obligaten Grillplatz. Den Menschen in der heutigen Zeit würde das Cha-no-yu sicherlich gut bekommen. Beschreibungen aller Gartentypen finden sich in den Werken von Kuck und Schaarschmidt-Richter, Hinweise für das anzustrebende eigentümliche Flair der Anlage entnimmt man am besten den alten japanischen und chinesischen Tuschzeichnungen.

Der Betrachtungsgarten ist eine kleine, von einem Punkt aus völlig überschaubare Fläche, oft im Kloster vor den Gemächern des Abts gelegen und meistens als Trockenlandschaftsgarten (Kare Sansui) aus Steinen, geharktem Kies und ganz wenigen Pflanzen ausgeführt, ›ernster‹, streng abstrahiert und kaum das, was wir zunächst unter ›Garten‹ verstehen – er ist denn auch Meditationsfolie für den nach fortschreitender Erleuchtung strebenden Zen-

Buddhisten. Uns wird dieser Gartentyp wohl nur in den seltensten Fällen als Meditationshintergrund dienen; als Würdigung und als Motivation kommen jedoch für uns sowohl künstlerische wie praktische Gesichtspunkte in Frage. Das ästhetisch geschulte Auge freut sich an den gestalterischen Möglichkeiten von Abstraktionen: Gebirge werden zu Steinformationen, Wasserfälle zu Maserungen im Stein, Wasser zu geharktem Kies, Wälder zu wenigen gestutzten Büschen. Das Bemerkenswerteste aber: die Reduktion wird nicht als Verlegenheitslösung, als Mangel, sondern als eine das Wesentliche der Natur erfassende Steigerung erfahren. Solche Gartenanlagen sind allerdings auch besonders anspruchsvoll: schwierig in Vollendung zu gestalten und vom Betrachter ein hohes Maß an Einfühlungsvermögen verlangend. Wer glaubt, diesen Schwierigkeiten gewachsen zu sein, wer in Geduld diesen hochkünstlerischen Schöpfungsvorgang in sich entwickeln kann, der sollte es versuchen. Schon die Auseinandersetzung mit der sehr komplexen Problematik schafft ganz neue kreative Befriedigung.

Situationen, für die diese dritte Form des japanischen Gartens geeignet wäre, gibt es bei uns viele, z. B. Kleinstgrundstücke, die dem Besitzer, wenn er darin umhergeht nur ständig ihre Winzigkeit und Enge vor Augen führt. Eine perspektivisch auf den Sitzplatz hin ausgerichtete Anlage dagegen, die man betrachtet wie ein dreidimensionales Bild, könnte die weiteste Landschaft darstellen. Aus der Beschränkung wäre der unglaublichste Überfluß entstanden. Auch bei Atriumhöfen ist diese Art der Gestaltung denkbar, ebenso bei Vorgärten, diesen üblichen Verlegenheitsstreifen zwischen privatem und öffentlichem Bereich, oder bei Dachgärten, die nicht betreten werden sollen oder können. Welch weite Möglichkeiten bietet der Trockenlandschaftsgarten überall dort, wo für die Erlebniswelt des Gartens Wasser gewünscht wird, aber aus irgendwelchen technischen Gründen nicht eingesetzt werden kann!

In der europäischen Gartengeschichte gibt es für den heute notwendigerweise vorwiegend sehr kleinen Privatgarten keine Gestaltungsvorbilder. Ansätze dazu hätten vielleicht der Klostergarten (in Ausschnitten) und der Bauerngarten liefern können. Aber diese (noch viel zu großen) Gärten wurden niemals in erster

Linie unter künstlerischen Gesichtspunkten angelegt und zu einer verbindlichen Idealform entwickelt. Heute sind beide trotz einiger gartenhistorischer Bemühungen so gut wie ausgestorben. Die bedeutenden Gartenformen, die Europa entwickelt hat; der formale französische Garten und der englische Landschaftspark, sind Dimensionen zugeordnet, die in Hektar berechnet werden. So mancher gartenarchitektonische Unsinn rührt ja gerade daher, daß man glaubt, die große Form im beschränkten Raum nachbilden zu können, das heißt, eigentlich wird der kleine Garten als leider unvermeidliches Übel empfunden, und das Unbefriedigtsein mit seiner Kleinheit spiegelt die Anlage wider.

Anders die alten Typen ›Teegarten‹ und ›Betrachtungsgarten‹: sie sind in ihren Abmessungen bewußt begrenzt und daher für unsere gegenwärtige Situation geeignete Muster. Von den japanischen Meistern können wir lernen, daß aber auch wirklich keine Fläche zu klein ist, um auf ihr nicht doch einen vollendeten Garten anlegen zu können. Auch Gemälde werden ja bekanntlich nicht nach Größe bewertet; warum sollte das beim Gartenkunstwerk anders sein? Auf die Proportionen kommt es an. Eine Binsenweisheit, die hier – trotz der anerkennenswerten Bemühungen moderner Gartenarchitekten – bei der Anlage kleiner Gärten leider nur selten bedacht wird.

Die Proportionen von Steinen, Kies und architektonischen Komponenten sind stabil. Sie lassen sich endgültig und auf Dauer kalkulieren. (Aber auch dabei geht man noch immer viel zu leichtfertig vor. Genaue Zeichnungen, Modellanlagen und leicht bewegliche Phantomobjekte im realen Gelände sollten selbstverständlicher Teil der Planung sein!) Was aber wird mit den lebenden Bäumen und Sträuchern? Bei der Pflanzung meist lächerlich klein, sprengt das Grünzeug nach wenigen Jahren jeden vorgegebenen Rahmen. Was tun? Noch einmal beginnen, damit man nach wenigen Jahren erneut da steht, wo man heute nicht mehr weiter weiß?

Für die japanischen Gärtner ist es seit Jahrhunderten selbstverständlich, die Pflanzen in der Form und Größe zu halten, die dem Gartenraum und der ursprünglichen Planung entsprechen. Über die Qualität der japanischen Anlage entscheidet notwendigerweise die weitere stetige, fachgerechte Pflege. Der Gehölzschnitt (s. Seite 188 und Bibliographie) ist in der Tat die einzige Möglichkeit dauernd zufriedenstellende Größenverhältnisse zu schaffen. Schwachwüchsige Pflanzen sind keine Abhilfe, da sie fast immer nur in allerkleinsten Größen gehandelt werden, dann also erst nach Jahrzehnten das wirklich benötigte Format erreichen. Gartenbesitzer wollen aber schon zu Lebzeiten ihr Paradies in vollem Glanz genießen. Daher muß, wenn die Pflegemaßnahmen sichergestellt werden können, immer zur Anpflanzung ›normal‹ – oder sogar schnellwüchsiger Gehölze auch im beschränkten Gartenraum geraten werden. Eine andere Frage ist, ob nicht die auf ›Solitärs‹ spezialisierten Baumschulen in Zukunft verstärkt ein größeres Sortiment ausgereifterer, langsam wachsender Gehölze anbieten sollten.

In japanischen Gärten werden viel weniger Pflanzen verwendet als in europäischen. Der einzelnen Pflanze – überhaupt dem einzelnen Objekt, man denke an den Unterschied zwischen unserem Blumenstrauß und einem Ikebana-Gesteck – wird viel mehr Aufmerksamkeit gewidmet; sie wird wichtiger genommen, erfordert dafür aber auch weit mehr unablässigen gärtnerischen Einsatz. Um einen Anhaltspunkt für die Verwendung von Pflanzen zu gewinnen, verdeutliche man sich immer wieder den hier zugespitzt formulierten west-östlichen Gegensatz: Hier wird gefragt, was kann ich denn jetzt noch Schönes pflanzen, dort, was kann ich denn noch überflüssiges weglassen, um die eigenartige Schönheit des Wenigen zu vertiefen.

Dem Willen zur Konzentration und der Vorliebe für das erlesene Detail entspricht auch der Wunsch nach einem einzigen, dominierenden Gesamtausdruck des Gartens, Dieser Ausdruck wird zwar, wie bei einem Kunstwerk nicht anders zu erwarten, häufig mehrfach deutbar sein, aber dennoch wird jedem, wie bei der Betrachtung eines gut komponierten Gemäldes, klar, daß sich alle Elemente des Bildes zu einer emotionalen Einheit steigern. So gibt es heitere und ernste, strenge und freizügige Gärten usw.; was dem angestrebten Charakter nicht entspricht, ist zu entfernen.

Zur Kunst des richtigen Weglassens gehört der freie Raum. Pflanzen, Steine, Steinlaternen usw. stehen in der Vereinzelung, auch wenn spannungsvolle Bezüge zu Benachbartem gegeben sind; Wasser- und Sandflächen, Moosteppiche, Pflasterungen oder heute gelegentlich auch Rasen als großzügige Umrahmung beanspruchen eine wesentliche Fläche. (Wenn die gestalteten Räume sehr klein werden, kann sich dieser Eindruck gelegentlich verwischen, dabei bewirkt gerade in Miniaturanlagen die gestattete Leere den Ausdruck von Großzügigkeit.) Wie wichtig der japanischen Ästhetik der Freiraum um das Dargestellte ist, kann man von den Meisterwerken der Tuschmalerei lernen, die immer die Spannung zwischen bemalter und unbemalter Fläche ausnutzt (s. auch japanische Architektur).

Man darf annehmen, daß der ältere japanische Garten bunter, farbenfreudiger war. Unter dem Einfluß des Zen-Buddhismus wurde er ernster. Mehr und mehr setzte sich die immergrüne Bepflanzung durch und damit die Betonung eher des Dauerhaften als des Wechsels der Zeit, obgleich die sommergrünen Laubgehölze, zumal solche mit schöner Blüte, heute keineswegs fehlen. Je nach Geschmack und Gartensituation, bei der die Umgebung des Grundstücks eine wichtige Rolle spielt, kann man davon ausgehen, daß drei bis vier Fünftel der Gesamtbepflanzung aus Immergrünen bestehen.

Das Gerüst der japanischen Gartenanlage besteht aus Steinen und Baumstrukturen. Von den Bäumen verlangt man, wie gesagt, einen ausgeprägten typischen Habitus; die Bedeutung, die ihnen zukommt – alle Bilder des Buches belegen das –, bedürfte eigentlich einer gesonderten, umfangreichen Untersuchung. Was den Stein betrifft: die von ihm ausgehende Faszination beschränkt sich durchaus nicht auf den ostasiatischen Kulturkreis. Der Europäer kennt sehr wohl die Magie des naturgewachsenen Steines. Wer bewundert nicht die farbigen Kiesel in Gebirgsbächen und am Meeresstrand, die das Wasser in Jahrhunderten glattgeschliffen hat, nicht die Felsauftürmungen im Gebirge, nicht uralte Zeugnisse unserer Kultur, Hünengräber und Stonehenge! Später war es der bearbeitete, von Menschen geformte Stein, der im Abendland Kunstgeschichte machte, das Ausgangsmaterial aber blieb der Naturstein. In ihm sind, soweit es die Verwendung im Garten angeht, praktische und ästhetische Funktion kaum mehr zu trennen. Die Schönheit der Gesteinsbildung, die Härte, Alter und Dauer bezeugt, Farb- und Strukturvarianten einer Art, Verformungen als Anzeichen der seit Jahrtausenden wirkenden Naturgewalten, die Patina aus Flechten und Moosen, die, das Starre ummantelnd, den Stein in die Gemeinschaft des Vergänglichen einbezieht, schließlich das Geheimnis seiner kompakten Masse – das alles ist es, was der Mensch im Naturkunstwerk ›Stein‹ für sich entdecken kann, im selben Stein, mit dem er einen Gartenpfad pflastert, den er als Sockel für einen Pfosten einsenkt, aus dem er eine Mauer errichtet oder den er, größer, als Naturplastik in einer Gruppe aufstellt.

Zur praktischen Verwendung: Gepflasterte Wege und Plätze wünscht man sich allgemein pflegeleicht und ohne weiteres begehbar-Kriterien, die für öffentliche Anlagen entscheidend sind. Für japanische Gartenanlagen sind sie abzulehnen. Ein aus verschiedenen Natursteinen angelegter Trittsteinpfad, der eine Moosfläche angenehm rhythmisiert, ist schon ein Kunstwerk an sich. Wer wollte da angesichts der Beispiele auf den Seiten 100, 104, 105 unten, 113 unten noch vom Erfordernis risikofreier Begehbarkeit sprechen? Wer will denn durch das Gartenkunstwerk stürmen? Ich passe das Tempo meines Schreitens dem Weg an. Die Setzung der Steine ist Andante meiner Gartenmusik.

Nach anderen Gesichtspunkten werden Hauseingänge angelegt. Aber auch sie könnten auf Grund japanischer Anregungen gestaltet werden. Da würde aus den wenigen Metern von der Straße zum Hause eine ausdrucksstarke Ouvertüre, eine Einstimmung in den individuellen Privatbereich, kein nach außen gerichtetes Protzen und noch weniger ein verlegenes, unentschiedenes Hin und Her. Da es bei uns kaum professionelle Gartenarchitekten gibt, die den japanischen Stil beherrschen, andererseits aber eine Anlage viel Überlegungszeit und Geduld erfordert, bleibt uns gar nichts anderes übrig, falls wir nicht verzichten wollen, als Hand anzulegen und unsere Erkenntnisse selber in die Realität zu übertragen.

Wie jedes Kunstwerk tritt auch der japanische Garten erst in seine Freiheit, wenn Menschen in der rechten Weise auf ihn reagieren, zu ihm in Beziehung treten. Wie könnte das natürlicher geschehen, als wenn der Eigentümer für sich selbst gestaltet! Sein kreatives Vergnügen beginnt beim Studium der ästhetischen Theorien und der Literatur über japanische Gärten, der kritischen Betrachtung ostasiatischer Malerei, kommt dann zum Aussuchen des geeigneten Materials und schließlich zu dessen Zuordnung im gegebenen Gartenraum.

Dazu will dieses Buch einen Einstieg geben, Lust und Mut machen. Es erläutert die verschiedenen Gartenelemente und ihre spezielle Funktion. Es weist auf Anlagenmöglichkeiten und -fehler hin. Es betont vor allem, wie aus der Kenntnis des geistigen Hintergrundes heraus in allen nur denkbaren Situationen ›japanisch‹ entschieden werden kann. Es deutet den Weg an, der vom einfühlsamen Gärtner zum sich selbst im Garten verwirklichenden Künstler führt.

Hamburg, Frühjahr 1983   Walter Schmidt

Anmerkungen zur deutschen Ausgabe

1. Eine der wesentlichen Qualitäten des japanischen Gartens, die wir für unsere westlichen Gestaltungen gewinnen wollen, ist, daß er mehr aussagt, als sein Anblick so obenhin zeigt; aus diesem Grund ist es bedeutsam, zu den Dingen und Pflanzen im Garten eine innere Beziehung zu haben. Diese Beziehung kann sich natürlich immer im Laufe der Zeit einstellen; man sollte aber die Möglichkeiten besonders berücksichtigen, wo sich gewachsene Bezüge in die japanische Gartengestaltung einbinden lassen: Pflastersteine aus einer vertrauten Straße, die jetzt asphaltiert wurde, Steine überhaupt, mit denen wir eine Erinnerung, eine Vorstellung verbinden; Bäume oder Sträucher aus lange aufgelösten Gärten, zu deren Besitzer wir vielleicht in einem besonderen Verhältnis standen. Wenn man dann durch den Garten geht, sind da nicht nur die sichtbaren Dinge, sondern, mit dem Wissen um ihre besondere Herkunft, auch die Erinnerung an Situationen und Menschen, bewußtes Zeiterleben. Auch das ist japanischer Geist für unsere Gärten.

2. Dieser entwaffnende, immer wieder zu beobachtende Pragmatismus mag für den ganz in der Tradition wurzelnden Gestalter möglich sein. (Es gibt allerdings schaurige Beispiele für ostwestliche Stilbrüche, von japanischen Gartenarchitekten begangen, die darauf hindeuten, daß nicht immer, was im Moment gefällt, grundsätzlich vertretbar ist.) Für uns ist hier allerhöchste Vorsicht geboten. Den Gartenmeistern der Vergangenheit waren die Gefahren individueller ästhetischer Entscheidungen bekannt. Daher stellten sie Regeln auf, schrieben Muster für bestimmte Situationen vor. Nicht um den einzelnen einzuschränken – Freiheiten bleiben so viele –, sondern um einen Sicherungsrahmen abzustecken, der die gröbsten Übel vermeiden hilft. Westliche Gärtner, denen die japanische Tradition nicht eingeboren ist, die sich den philosophischen Hintergrund erst erarbeiten müssen, tun gut daran, sich zunächst möglichst streng an die traditionellen Muster zu halten.

3. Dies ist ein hervorragendes Beispiel dafür, wie kleine Räume – ohne kleinkariert zu wirken – noch unterteilt werden können und damit ›vielseitiger‹ werden. Die geringe Anzahl der Gestaltungselemente gibt der Anlage den ruhigen, geschlossenen Ausdruck.

4. West-östliche Stilmischungen geben immer Anlaß zum Nachdenken: Das Karree mit Bambus und Fels scheint im Zentrum(!) der umgebenden Architektur zu liegen. Der Fels ist allein(!), ohne die üblichen, ihn zur Gruppe steigernden Begleiter. Notwendig sind solche Übertragungsversuche, auch wenn sie nicht immer ganz gelingen.

5. Es wird ausdrücklich auf die freigestellte Laterne hingewiesen, denn in einem klassischen Arrangement hätte sie zu einem Teil von Pflanzen verdeckt sein müssen, weil man die geheimnisvollere Tiefe des Raumes der platten Übersichtlichkeit (bei solchen Anlagen) vorzog.

6. Die Übergänge von der nur arrangierten ›Geschmacks-Kunst‹ (W. Lange) zum kreativen, originären Kunstwerk sind fließend, wie der Kies dieser Gärten. Die moderne nordamerikanisch-europäische ›land-art‹ hat aus diesen Gärten wesentliche Anregungen bezogen. Der besondere künstlerische Aspekt wird in den Büchern von Schaarschmidt-Richter (1979) und Kuck (1968) ausführlich erläutert.

7. Daueranlagen in Blumenfenstern und Wintergärten könnten so im japanischen Stil angelegt werden. Man beachte die sparsame Verwendung von Pflanzen; die freie Fläche ist ein wesentliches

Gestaltungsmoment. Als Schüttgut würde sich bei uns weißer – gebleichter – Bimskies in selektierter Körnung, 3,5–7 mm, eignen. Blähton ist wegen der gleichmäßigen Struktur keinesfalls zu benutzen.

8. Ausführliche Erläuterung zu Karikomi
Verwendung und Geschichte, bei Schaarschmidt-Richter 1979

9. Gerade die Beachtung der Gesetze der Perspektive, wie sie für den japanischen Gärtner auch bei Bonsai-Gruppenpflanzungen oder Saikei (Miniaturlandschaften) selbstverständlich ist – also die großen Dinge in den Vordergrund, die kleineren, abgestuft, weiter hinten –, vermag in den kleinen Gartenräumen, mit denen wir es zunehmend zu tun haben, Wunder zu wirken. Ein Thema, das für den europäischen Gärtner ganz neu sein dürfte!

10. Selbstverständlich bleibt man bei einer einzigen Gesteinsart und benutzt ihre unterschiedlichen Größen, Strukturen, Farb- und Formvarianten in der Gestaltung. Nur ganz souveräne Gestalter können mal verschiedene Gesteine wirkungsvoll kombinieren. Das aber wird immer die Ausnahme bleiben.

11. Pflanzen bei Steinen können nicht nur deren Mängel kaschieren, sondern auch und dies hervorragend, deren Wirkung steigern: eine zarte und kleine Begleitpflanzung – immer nur wenige Exemplare – betont die Größe, läßt vielleicht eine Wucht empfinden, die der Stein in Wirklichkeit gar nicht hat. Dieselbe Funktion bei Wasserbecken und Steinlaternen; gute Lösungen zeigen die Farbbilder auf den Seiten 36/37, 76, 77, 81.

12. Die auf den Fotos Seite 100, 104, 105 unten gezeigten Vorbilder sollten auch bei der Gestaltung von Hauseingängen berücksichtigt werden.

13. Losgelöst von der Teezeremonie hat das Tsukubai seine eigentliche Funktion verloren. In unseren Gärten könnte es Vogeltränke werden oder, wenn man Wasser mit einem feinen Strahl zulaufen läßt und das Becken auf eine Dränage setzt, die das Wasser per Pumpe zurückführt, einen sehr intimen kleinen Brunnen abgeben. Jedenfalls muß man bequem herantreten können.

14. Je stiller es im Gartenraum ist, um so nachdrücklicher wird das Klacken des Shishi odoshi Zeit und Ruhe hörbar werden lassen. Wo viele intensive Geräusche sind, sollte man sich die Installation überlegen. Wenn Holzstückchen den Stein ersetzen, wird der Ton gedämpft. Je größer die Intervalle zwischen zwei Aufschlägen sind, je weniger vorausfühlbar das nächste ›Tock‹ ist, um so geheimnisvoller wird der Reiz sein, den das Shishi odoshi dem Garten hinzufügt.

15. Bitte beurteilen Sie selber diese Stege, wie sie sich auf diesen Bildern darstellen. Vergleichen Sie auch mit anderen Abbildungen, soweit möglich. Was ist von starrer Regelmäßigkeit im japanischen Garten zu halten? Dürfen Trittsteine und Plankenstege den allerleisesten Zweifel an ihrer Stabilität aufkommen lassen?

16. An die meisten unserer Einfamilienhäuser schließt sich zum Garten hin eine Terrasse an. Und da – aus unterschiedlichen Gründen – fast immer das Niveau des Erdgeschosses erheblich über dem Niveau des umgebenden Geländes liegt, kommt es zu der unvermeidlichen Anschüttung. Am Ende sitzt man auf der Terrasse wie auf einem Feldherrenhügel, wobei die Gestaltung der Böschung nicht wenig Kopfzerbrechen macht. Bei der heute üblichen Gartengröße wäre eine Terrassierung mit Stützmauer in jedem Falle besser. Aber warum sollte man nicht einmal die japanische Methode anwenden (s. Abbildungen Seite 44–47, 60–63, 120–121, 124)? Zum Garten hin könnte zumindest auf die recht problematische Anschüttung verzichtet werden; zusätzlich böte sich die Gelegenheit, Haus und Garten noch enger miteinander zu verknüpfen, wenn man die Gestaltungselemente des Gartens bis unter die Terrasse ausdehnt (s. Abbildungen 46/47, 60, 63). Bei der Verwendung von Umwälzanlagen für fließendes Wasser ergibt sich ein weiterer Vorteil: die Technik kann klimasicher und ›wartungsfreudig‹ im Keller untergebracht werden.

17. Der Mörtel darf natürlich nicht sichtbar sein. Läßt es sich bei aller Bemühung dennoch nicht vermeiden, so ist es notwendig, den Zement mit entsprechendem Steinmehl einzufärben, die Oberfläche mit Kies zu bedecken oder die kritische Stelle durch eine

Abpflanzung dem Auge zu entziehen. Immer eingedenk der Devise: Im japanischen Garten soll alles geplant sein, man darf es aber nicht merken, geschweige denn sehen!

18. Von Trittsteinen durch Bäche und Teiche haben westliche Gartengestalter bisher viel zu selten Gebrauch gemacht. Durch Trittsteine wird die Wasserfläche weniger unterbrochen als durch eine noch so kleine Brücke; die Kontinuität der Oberfläche bleibt erhalten. Die Linienführung im Wasser kann zwangloser sein. Die unterschiedlichen Abstände rhythmisieren – wie die Trittsteine im trockenen Teil des Gartens – den Wasserspiegel. In einen Bach gesetzt, geben sie ganz natürlichen Anlaß zu ›Stromschnellen‹. Trittsteine müssen nicht nur absolut fest verlegt sein, sie müssen auch so aussehen!

19. Man vergleiche hiermit auch, was zum Bambus-Problem gesagt wurde. Die mit Stabilität gepaarte Eleganz des Bambus werden wir zwar mit keinem anderen Material erreichen, aber bevor wir unseren Garten exotisch überfremden, sollten wir uns überlegen, ob nicht andere Lösungen natürlicher und somit ›japanischer‹ sind. (Siehe auch Holzzäune, Mauern und das zu Hecken und Karikomi in der Pflanzenliste Gesagte.)

20. Als Reisigfüllung verwenden wir Weidenruten, Birkenreiser oder Reet (Schilf).

21. Auch Mauern mit Zementputz oder aus Beton sind möglich. Wenn man die Zementmischung einfärbt (Steinmehle, Farbstoffe) oder Zuschläge (wie Torf) benutzt, dürfte das charakteristische Grau dieser Baustoffe vermieden werden. Denn nicht in jedem Fall bietet eine Berankung die beste Lösung. Schnell bemoost sich alles Steinmaterial, wenn man es mit einer dickflüssigen Kuhdunglösung einstreicht und regelmäßig besprüht (s. Anmerkung 23).

22. Ein zentrales Thema des japanischen Gartens ist ohne Zweifel in jeder Beziehung der Bambus: Bambus als Baumaterial, Bambus als Pflanze. Die architektonischen und gärtnerischen Elemente durchdringen und verbinden sich im Bambus auf ideale Weise. Aber noch mehr als die immer deutlich sichtbare Übereinstimmung zwischen der lebendigen Pflanze und dem aus ihr gewonnenen Baumaterial ist es die übergreifende kulturelle Bedeutung des Bambus seit Jahrhunderten in Asien, die es bei uns nicht gibt – aus klimatischen Gründen eben auch nicht geben kann – und die deshalb für europäische Gartenkompositionen auch nicht als geistiger Hintergrund wirksam werden kann. Man muß ganz deutlich sehen, daß uns hier zum japanischen Garten eine Hauptsache fehlt, für die es keinerlei Ersatz gibt. (D. Seckel analysiert die vielschichtigen philosophisch-ästhetischen Qualitäten des Bambus in seiner ›Einführung in die Kunst Ostasiens‹.) Wir können nicht einmal die materialbedingte natürliche Übereinstimmung von Bambuszäunen, -gittern usw., für die wir ja ohne weiteres das Material kaufen, zum grünenden Gartenbambus herstellen. Denn generell sind in unseren Breiten nur drei Bambusarten zu verwenden, die aber nicht die Stammstärken der subtropischen und tropischen Arten erreichen, welche als Baumaterial gebraucht werden.

Hier sind ausreichend winterhart: *Sinarundinaria murielae, S. nitida* und *Pseudosasa japonica*. (In besonders günstigen Klimaanlagen oder unter Ausnutzung kleinklimatisch begünstigter Räume oder bei sorgfältigem Winterschutz kommen noch weitere Arten in Frage. In Zweifelsfällen wende man sich an Dr. Simon, der ein außergewöhnlich großes Bambussortiment führt und mit Erfahrungen hinsichtlich der Winterhärte dienen kann.) Bei den niedrigen, bodenbedeckenden Arten ist die Auswahl viel größer, der Winterschutz leicht auszubringen, und selbst wenn die Pflanzen gelegentlich oberirdisch zurückfrieren, begrünen sie sich doch immer wieder in einer Saison. Bei der Gestaltung der höher wachsenden Arten ist zu bedenken, daß der Japaner niemals einfach dichte Büsche wachsen läßt, sondern immer auf einzelne Halme ausdünnt.

23. Zur dauerhaften Ansiedlung von Moos hat sich eine Feinstsprühung im Stundentakt (Zeitschaltuhr) bewährt. Aufkommendes Unkraut ist ständig zu entfernen. Das Ausziehen größerer Pflänzchen zerstört die Moosdecke. Um den Moosteppich nicht betreten zu müssen, arbeitet man von einer höher gelegten Holzplanke aus.

24. Bei der Strukturierung der Ziergehölze im japanischen Stil muß der westliche Gärtner völlig umlernen. Dabei ist es sicher leicht, der Motivation für die menschlichen Eingriffe in die Wuchsform zuzustimmen. Wie oft schon ist es dem aufmerksamen Naturbeobachter passiert, daß er hier oder dort ein Gehölz sah, dessen Gestalt ihn besonders faszinierte, vor dem er bewundernd stehenblieb, da es so, wie es unter dem Einfluß einer Fülle von Faktoren sich jetzt präsentiert, den eigentlichen Charakter der Pflanze in einer bestimmten Situation – im Gebirge, im freien Feld, an der See usw. – verkörpert. Wie dieser typische Wuchs auszusehen habe, weiß man aus Erfahrung und Vergleich. Darüber hinaus sind diese Formen in ihrer reinen Schönheit so bezwingend, daß sie auch dem weniger Bewanderten auffallen: Der größte Gartenkünstler ist nämlich die Natur selber, man muß nur richtig hinsehen!

So weit, so gut. Nun ist hier, wo der westliche Naturfreund sich wehmutsvoll abwendet, da in seinem Gartenparadies ihm leider nicht solch Kleinod herangewachsen ist, der japanische Gärtner seit je einfach konsequenter gewesen, indem er sich seine idealen Gehölzgestalten, unabhängig von den vielerlei Unwägbarkeiten in der freien Natur, selber heranbildet.

Die Erläuterung aller Gestaltungsmöglichkeiten würde hier zu weit führen. Jetzt nur in Kürze:

1. Oberstes Vorbild zur Formung ist der typische Wuchs einer Art unter bestimmten Klima- und Standortfaktoren.

2. Vorbilder finden sich auch in der Kunst. Man studiere sorgfältig – in erster Linie japanisch-chinesische Tuschmalerei – die Gehölzdarstellungen der großen Maler und versuche zu ergründen, welches die Faktoren sind, die einen ganz speziellen Charakter hervorzubringen geeignet sind.

3. Wichtiges Training und eine Fülle von handwerklichen Informationen bietet die Bonsai-Kultur. Was dort an den handlichen Zwergen geübt wird, kann dann auf den Gartenraum übertragen werden.

4. Viel zu selten wird von der Möglichkeit Gebrauch gemacht, alte, ausgereifte Baumgestalten mit schönem, charakteristischem Wuchs bei Neuanlagen zu pflanzen. Bei weitreichender Vorarbeit lassen sich auch älteste Bäume noch mit Erfolg umsetzen: ein Trost für ungeduldige Gärtner. Also ist höchste Aufmerksamkeit geboten, wenn im Zuge von Bauarbeiten alte Gartengrundstücke aufgelöst, Obstgärten nicht mehr bearbeitet, Friedhöfe stillgelegt werden. Nicht selten werden dann aus Unverstand die herrlichsten Pflanzen vernichtet – weil es ja nun mal leider sein müsse. Es muß nicht sein! Mit ein, zwei Jahren Vorbereitung, und das ist bei solchen Planungen häufig ein realistischer Spielraum, lassen sich die alten Gehölzkleinode sicher auf einen Umzug vorbereiten. Man muß dazu allerdings einen Spezialisten zu Rate ziehen. Die aufgewendete Mühe und Kosten lohnen sich aber bestimmt.

Pflanzenliste
für Gartenanlagen
im japanischen Stil

Aufgeführt sind die in Japan verwendeten Pflanzen, soweit deren Standortsansprüche auch in Europa befriedigt werden können; wo dies nicht der Fall ist, werden statt dessen heimische oder eingebürgerte Pflanzen genannt, deren Habitus eine Stellvertretung ohne Stilbruch gestattet. Ein Ausrufzeichen hinter dem Namen bedeutet: sehr empfehlenswert; mit ›Formen‹ sind unterschiedslos Untergliederungen der Spezies gemeint.

Gehölze

Es würde den Rahmen dieses Buches sprengen, würde man alle für den japanischen Garten geeigneten Gehölze aufführen. Hier können nur einige Schwerpunkte bezeichnet werden. Im übrigen sei noch einmal mit Nachdruck auf die unbedingt notwendigen Eigenschaften der zu verwendenden Pflanzen hingewiesen, die sich den strengen Form- und Gestaltungsprinzipien des Gartenkünstlers unterwerfen, nämlich:

- Schnittverträglichkeit,
- Proportionalität (besonders von Blatt, Blüte und Frucht, was sich durch Schnitt nur unwesentlich beeinflussen läßt),

- vielgestaltige Struktur (auch ohne menschlichen Eingriff reiche Variabilität der Wuchsform),
- Vertrautheit des Anblicks (überwiegend einheimische oder eingebürgerte Gehölze; Außergewöhnliches, Fremdländisch-Exotisches meiden),
- standortgemäße Kulturansprüche (die ohne besonderes Zutun in der betreffenden Gartensituation erfüllt werden).

Laubgehölze

Abelia floribunda, – grandiflora
Abeliophyllum distichum
Abutilon vitifolium
Acer, besonders wichtige Gattung für japanische Gärten
– buergerianum(!), – campestre(!), – capillipes, – carpinifolium, – circinatum,
– cissifolium, – davidii, – forrestii, – ginnala(!), – griseum, – grosseri, – heldreichii, – japonicum(!) und Formen ›Aconitifolium‹, ›Aureum‹, ›Vitifolium‹, *– laxiflorum, – mono, – monspessulanum, – negundo* und Formen ›Aureovariegata‹, ›Odessana‹, *– nikoense, – palmatum(!)* und alle Formen (das nicht mehr gültige Synonym *A. polyorphum* weist auf den ungeheuren Variantenreichtum dieses in Japan seit jeher mit großer Vorliebe kultivierten Ahorns hin, muß unbedingt verwendet werden, wenn Klima und Boden es zulassen.), *– pennsylvanicum, – sieboldianum, – tataricum, – triflorum(!)*
Alnus cordata, – glutinosa und Formen ›Aurea‹, ›Imperialis‹(!), ›Incisa‹(!),
– incana und Formen ›Aurea‹, ›Laciniata‹(!), ›Pendula‹(!), *– viridis*
Amelanchier asiatica(!), – canadensis, – laevis
Andromeda polifolia
Aralia elata (bei vielstämmiger Pflanzung und sehr gutem Boden kann jedenfalls im Sommer ein dem Bambus-Charakter ähnlicher Ausdruck erreicht werden)
Arctostaphylos uva-ursi(!)
Aronia arbutifolia, – melanocarpa
Artemisia abrotanum und andere Arten

Atriplex canescens, – halimus

Aucuba japonica(!) und Formen

Berberis(!), alle Arten und Formen; die dicht kompakt wachsenden werden ausgelichtet, damit Strukturen entstehen

Betula, besonders die klein- und geschlitztblättrigen; es müssen allerdings alle Erziehungsmaßnahmen laufend vorgenommen werden, größere Schnittstellen vermeiden, Kulturmaßnahmen nur zu Zeiten der Saftruhe

Buddleja alternifolia, mit Form ›Argentea‹

Buxus(!), alle Arten und Formen

Calluna vulgaris(!) und Formen; erfordern im japanischen Garten regelmäßigen, sorgfältigen Schnitt wie Azaleen

Caragana arborescens(!) bei uns meistens ein Strauch, kann jedoch zu einem kleinen Baum (4–6 m) gezogen werden

Carpinus betulus(!) und Form ›Incisa‹, – *caroliniana*, – *japonica(!)* Die weiten Kulturtoleranzen und große Schnittverträglichkeit sollten die Weiß- oder Hainbuche bei uns zu einem der zentralen Gehölze für den japanischen Garten machen

Caryopteris × *clandonensis*, – *incana* ›Heavenly Blue‹

Ceanothus, nur bei reichlicher Sommerwärme und allgemein milder Lage

Cercidiphyllum japonicum(!)

Cercis canacensis(!), – *racemosa(!)*, – *siliquastrum(!)* und Form ›Alba‹

Chaenomeles cathayensis, – *japonica*, – *speciosa(!)* und Formen

Chionanthus virginicus(!), als Busch oder auch als kleiner Baum zu ziehen

Cistus(!); wo die klimatischen Bedingungen erfüllt werden können bzw. in voller Sonne und heißen, trockenen Bereichen, kann die Gattung und ihre Formen die Funktionen der Azaleen übernehmen

Cladrastis lutea(!), – *sinensis(!)*

Clerodendrum bungei, – – var. *fargesii*, – *trichotomum*

Clethra alnifolia, – *barbinervis(!)*, – *fargesii*

Colletia armata, – *cruciata*

Colutea arborescens, – × *media*, – *orientalis*

Comptonia peregrina var. *asplenifolia*

Cornus(!); in allen seinen Vertretern eine der dankbarsten Gattungen, vom edlen Bodendecker *C. canadensis* bis zum kleinen, sich jedem Gartenraum anpassenden Baum *(C. controversa, C. florida, C. kousa);* einzig mit den laubbunten Formen muß man im japanischen Garten vorsichtig sein

Corylopsis glabrescens, – pauciflora(!), – sinensis, – spicata, – wilmottiae

Als Frühlingsblüher sind die Scheinhaseln für den europäischen Garten – einige duften sehr gut – noch viel zu selten eingesetzt; in der japanischen Anlage bedürfen besonders die stärker wachsenden der gestaltenden Schere

Corylus avellana mit Form ›Contorta‹(!)

Cotinus coggygria

Cotoneaster bullatus ›Floribundus‹, – frigidus, – lindleyi, – salicifolius, – Watereri-Hybriden, wie ›Cornubia‹(!) Die Gattung ist bei uns in allen öffentlichen Anlagen und vielen privaten Gärten als Bodendecker vertreten; für den japanischen Garten bietet sie unter ihren stärker wachsenden Arten immergrüne oder wenigstens wintergrüne Großsträucher bzw. kleine Bäume, die mit nur geringer unterstützender Formung für begrenzte Räume schöne Charaktergehölze werden können

Crataegus arnoldiana, – crus-galli, – laevigata (›C. oxycantha‹), – × lavallei (›C. carrierei‹), – monogyna, – pedicillata (›C. coccinea‹) Die *Crataegus* sind Bäume, die gut im Zaum zu halten sind.

Cydonia ablonga(!), – sinensis

Langsam beginnt es sich herumzusprechen, daß Quitten auch für ›europäische‹ Gärten sowohl Zier- als auch Fruchtgehölz sein können; für japanische Anlagen in unseren Breiten können sie nicht genug empfohlen werden

Daboecia cantabrica und Formen

Daphne(!), alle Arten und Formen

Deutzia(!), den straff aufrecht wachsenden Arten nimmt man durch den Schnitt etwas von ihrer Steifheit und lichtet die Büsche regelmäßig aus. Ohne bewußte Formung sind Deutzien keine idealen Pflanzen für den strukturbetonten japanischen Garten; wer aber das Schneiden versteht, kann aus ihnen prächtige Gestalten ziehen

Diervilla lonicera, – sessilifolia, – × *splendens*
Elaeagnus angustifolia(!), – commutata, – × *ebbingei, – glabra, –*
macrophylla, – multiflora, – pungens und Formen, *– umbellata*
Besondere Laubfarben, zum Teil immergrün, durchaus schnittverträglich, das sind die Qualitäten der Ölweiden für unsere Zwecke
Enkianthus campanulatus, – cernuus rubens, – chinensis
Erica arborea, – – var. *alpina, – chiliaris, – cinerea* und Formen, – ×
darleyensis, – herbacea (›*E. carnea*‹) und Formen, *– tetralix* und
Formen, *– vagans* und Formen
Für die Glockenheide gilt, wie für alle Blütengehölze: man darf mit
ihnen nicht ›europäisch‹ umgehen, sie also in erster Linie wegen der
bunten Blüte pflanzen, sondern wegen ihrer Form, die Blüte ist
dann nur eine Zugabe. An den Fuß größerer Steine gepflanzt, kann
Erica, ähnlich Azaleen und kleinen Kräutern, die Wucht, Härte
und Dauer des Gesteins wirkungsvoll unterstreichen.
Excallonia ›Donard Seedling‹, – ›Donard Gem‹, – × *edinensis, –* ×
langleyensis, – punctata
Euodia hupehensis(!)
Euonymus alatus, – bungeanus(!), – europaeus, – fortunei und
Formen,
– hamiltonianus var. *yedoensis, – japonicus(!)* und Formen, *–
latifolius, – nanus, phellomanus*
Exochorda giraldii, – korolkowii(!), – racemosa, – serratifolia(!)
Fagus sylvatica(!) und Formen ›Asplenifolia‹, ›Cochleata‹, ›Grandidentata‹, ›Rohanii‹, ›Tortuosa‹, sprengen mit ihrem Wuchs jeden
›normalen‹ Gartenraum, aber die Rotbuche ist enorm schnittverträglich, daher ist es durchaus möglich, sich gerade aus ihr ein
Charaktergehölz heranzuziehen. Die kleinblättrigen Formen sind
natürlich noch geeigneter, wenn so veredelt wurde, daß man die
Veredelungsstelle nicht sieht
Forsythia suspensa var. *fortunei,* die einzige Form – wenn es denn
unbedingt sein muß –, die in japanischen Anlagen hinzunehmen
wäre, weil sie sich am ehesten lenken läßt
Fothergilla major(!), – monticola(!)
Fraxinus excelsior ›Pendula‹(!), früher häufig gepflanzter Laubenbaum, gibt mit der natürlichen Bizarrerie seiner Äste fast von selbst
ein japanisches Bild ab

Gaultheria procumbens(!)
Halesia carolina, – *monticola* und Formen
Halimodendron halodendron
Hamamelis, alle Arten und Formen
Hebe s. *Veronica*
Hippophaë rhamnoides
Holodiscus discolor, – – var. *ariifolius*
Hydrangea aspera ssp. *strigosa,* – – ssp. *sargentiana,* – – ›Villosa‹, –
japonica,
– *macrophylla* und Formen – *quercifolia*
So unverzichtbar Hortensien, auf gleichmäßig feuchten, halbschattigen Plätzen sind, benachbart von Farnen, Rodgersien, Funkien und Moosen, so heikel ist ihre Erziehung zu einer überzeugenden Form
Hypericum calycinum(!)
Ilex × *altaclarensis(!)* und Formen, – *aquifolium(!)* und Formen außer ›Pyramidalis‹ – *penduculosa* und – *serrata* (beide nur in geschützten Gegenden sinnvoll. *I. serrata* ist in Japan auch ein wichtiges Bonsai-Gehölz)
Itea virginica
Kalmia angustifolia(!), – *latifolia(!),* – *polifolia*
Kerria japonica(!) und Form ›Pleniflora‹
Koelreuteria paniculata(!)
Kolkwitzia amabilis
Ledum groenlandicum
Lespedeza bicolor, – *kuisiana,* – *thunbergii*
Leucothoë fontanesiana (›*L. catesbaei‹*) und Formen ›Girard's Rainbow‹, ›Nana‹, – *davisiae,* – *keiskei(!)*
Leycesteria formosa
Ligustrum chenaultii(!), – *compactum,* – *delavayanum,* – *japonicum,* – *lucidum,* – *obtusifolium* var. *regelianum,* – *quihoui,* – *sinense*
Da Liguster wenig Ansprüche an den Boden stellt und gut schattenverträglich ist, sollte man ihn viel mehr als frei wachsendes Gehölz, das gut zu kleinen Bäumen erzogen werden kann, einsetzen und nicht nur als Heckenpflanze oder im Verband mit kaum unterscheidbaren Deckgehölzen. Wichtig ist der einfühlsame Formschnitt, da er sich nicht von selbst strukturgerecht aufbaut.

Lonicera(!), alle Mitglieder der Gattung, sowohl die strauchig wachsenden als auch die Ranker

Maackia amurensis

Magnolia dawsoniana, – *denudata*, – *kobus*, – *sargentiana* und Form ›Robusta‹, – *sieboldii(!)*, – *sinensis*, – × *soulangiana* ›Speciosa‹ – *sprengeri(!)*, (besonders in warmen Lagen auf kalkfreiem Boden), – *stellata(!)*, – *wilsonii*

Mahonia aquifolium und Formen(!), – *bealii*, – *fortunei*, – *japonica*, – *lomariifolia*, – *pinnata*, – *repens* ›Rotundifolia‹

Die Fieder-Berberitze mit ihren unvergleichlichen Qualitäten sollte viel mehr eingesetzt werden. Leider sind bei uns nicht alle ausreichend winterhart.

Hierzulande könnte man *M. aquifolium* und einige andere eventuell als Ersatz für *Nandina domestica* betrachten, die in Japan eine große Rolle bei der Gartenbepflanzung spielt.

Malus(!), in allen ihren Arten für eine Anlage im japanischen Stil hervorragend geeignet, nur die ganz straff aufrecht wachsenden oder eine streng kegelförmige Krone aufbauenden sollte man vermeiden. Neben den sog. Zieräpfeln ist der einfache Wildapfel ein Garten- und Landschaftsgehölz erster Ordnung!

Morus alba und Form ›Pendula‹, – *nigra(!)*

Nandina domestica(!), leider in den meisten Gebieten nicht genügend winterhart, kann aber, im Container gezogen, im Kalthaus überwintert werden.

Nothofagus antarctica(!), – *obliqua*, – *procera*

Die immergrünen Scheinbuchen sind leider nicht alle hart genug; nur in besonders günstigen Situationen könnte man es mit *N. fusca* versuchen.

Osmanthus(!), alle Arten und Formen

Ostrya carpinifolia(!), – *virginiana*

Oxydendrum arboreum(!)

Pachysandra axillaris, – *terminalis* ›Green Carpet‹(!)

Paeonia(!). Die Strauchpäonien *(P. delavayi*, – *lutea*, – *suffruticosa)* und ihre zahllosen Formen geben unseren Gärten einen so unvergleichlichen asiatischen ›Touch‹, daß wir sie selbst da pflanzen, wo sie den strengen formalen Kriterien des japanischen Gartens nicht ganz entsprechen

Parrotia persica
Pernettya mucronata und Formen(!), – *prostrata* var. *pentlandii*
Philadelphus(!); alle Arten und Formen sind hervorragend geeignet, wenn man sie gemäß ihrer Wuchsform, unter Berücksichtigung des erwünschten Blütenansatzes, zu schneiden versteht.
Phlomis fruticosa
Photinia beauverdiana, – *villosa*
Pieris floribunda, – *formosa,* – *forrestii,* – *japonica* mit Form ›Forest Flame‹, – *taiwanensis*
Populus simonii, – *tremula,* – *tremuloides*
Potentilla(!). Die Fünffingersträucher sind als Bodendecker oder Miniatur-Einzelgehölze am Fuße größerer Steine z. B. im Zusammenhang mit vereinzelten Heidepflanzen sehr gut zu verwenden. Ihre Blüte bringt das Jahr über Farbe in den Garten, ohne sich allzusehr aufzudrängen.
Prunus avium, – *cerasifera* und Form ›Nigra‹, – *cerasus(!)* und Form ›Semperflorens‹, – *conradinae* (Schutz), – *davidiana(!),* – *incisa(!),* – *laurocerasus* und Formen, – *maackii,* – *mahaleb,* – *mume(!)* und Formen, *padus(!),* – *persica(!)* und Formen, – *sargentii(!),* – *serotina,* – *serrulata,* – *spinosa,* – *subhirtella(!)* und Formen, – *tenella,* – *yedoensis*
Umfangreiche Gattung: vom anspruchslosesten Wildgehölz bis zur exotischen Hybride, vom Kleinstrauch bis zum großen Parkgehölz finden sich Vertreter, die sich für eine japanische Anlage eignen, allerdings mit einigen Vorbehalten. Leider sind einige Prunus außerordentlich strukturschwach – so besonders die häufig gepflanzte japanische Zierkirsche ›Kanzan‹ –, so daß sie ungeachtet ihrer spektakulären Blüte im Bereich des streng komponierten Gartens nicht verwendet werden können. Sie können allerdings da gepflanzt werden, wo ihre ›Belanglosigkeit‹ außerhalb der Frühjahrssaison nicht stört. Wenn auch die Wildarten besonders empfohlen sein sollen, so gibt es doch natürlich unter den Japanischen Kirschen auch einige sich vielseitiger aufbauende Gehölze, die durchaus brauchbar sind
Japanische Zierkirschen: Gioiko, Jo-nioi, Kiku-Shidare-Sakura(!), Kiku-zakura, Oshokun, Shimidsu-Sakura(!), Shirofugen(!), Shirotae(!), Tai-haku, Taki-nioi, Ukon(!), Umeniko(!)

Gerade die Blütenkirschen sollten kontinuierlich an Draht, Stäben oder Gestellen zu erwünschten Formen geleitet werden; mit der Formung durch Schnitt wird man nicht annähernd denselben Erfolg haben.

Ptelea trifoliata(!) und Form ›Aurea‹

Pterostyrax corymbosa, – hispida(!)

Pyrus betulifolia, – × canescens, – communis(!), – × lecontei, – × michauxii, – nivalis(!), – pyrifolia, – salicifolia ›Pendula‹(!), *– ussuriensis(!)*

Wann endlich werden die vielfältigen Qualitäten der Birnen ausreichend gewürdigt!

Quercus libani, – myrsinifolia

Eichen sind eigentlich nichts für diese besondere Gartenform. Wenn es sein muß, kann man es mit diesen versuchen: *Q. myrsinifolia* ist dabei nur in allergünstigsten Lagen zufriedenstellend, dann allerdings ein wunderbares immergrünes Laubgehölz

Rhamnus alpinus, – catharticus(!), – davuricus(!), – frangula(!), – imeretinus, – pumilus, – purshianus, – utilis

Der Faulbaum gehört ebenfalls zu den weit unterschätzten Gehölzen für den bewußt gestaltenden Gärtner. In ihm steckt viel mehr als nur ein preisgünstiger Landschaftsbegrüner mit kaum differenzierten Standortansprüchen. Unter dem Blickwinkel eines neuen Gestaltungsbewußtseins kann aus dem Wegdorn ein charaktervoller ›Solitär‹ werden

Rhododendron einschließlich Azaleen(!) – das Selbstverständlichste im Zusammenhang mit japanischen Gärten. Es dürfte kaum Bilder aus irgendeinem der berühmten ostasiatischen Parks geben, wo uns neben dem Ahorn nicht gleich die meist zu welligen, dicken Pflanzenpolstern geschnittenen Azaleen und Rhododendren ins Auge springen. Auch hierzulande ist das Sortiment der Baumschulen mehr als ausreichend, von den Spezialgärtnereien ganz zu schweigen. Und wer noch ganz etwas anderes will, der kaufe in England ein, wo es noch mehr gibt. Die ungeheuere Fülle erlaubt keine Arten- und Sortenempfehlungen; daher folge man den allgemeinen Kriterien: nicht ohne ganz besonderen Grund exotisch oder hybrid wirken, Azaleen fast immer zu freien Wellen- oder Steinformen schneiden, starkwachsende Rhododendren auch zu hochstämmigen Bäumchen ziehen. Nur Arten und Sorten wählen, deren Klima- und Standortansprüche optimal befriedigt werden können, die also gesund weiterwachsen und der Erziehung mit Schere, Draht und Formgestell standhalten. Jegliche Formarbeit wird zur Farce, wenn die zu formende Pflanze sowieso schon kränkelt oder in eine intendierte Form nicht vital hineinzuwachsen vermag

Rhus copallina, – *glabra,* – *potaninii,* – *thyphina* und Form ›Laciniata‹

Ribes alpinum, – *americanum(!),* – *fasciculatum,* – *laurifolium,* – *odoratum,* – *sanguineum* und Formen, – *speciosum*

Robinia elliottii, – *hartwigii(!),* – *hispida* und Formen, – *kelseyi(!),* – *neo-mexicana(!),* – *pseudoacacia* und Formen ›Frisia‹, ›Microphylla‹, ›Pendula‹, ›Tortuosa‹, – *viscosa*

Die Scheinakazie ist eine völlig unproblematische Gattung, braucht lediglich viel Sonne; Wind verträgt sie nicht besonders gut. Die Gestaltung kann eigentlich nur per Schnitt erfolgen

Rosa canina, – × *damascena* ›Tringintipetala‹, – *gallica grandiflora,* – *glauca,* – *moyesii,* – *multiflora,* – *nitida,* – *pimpinellifolia,* – *rubiginosa,* – *rugosa* und Formen, – *virginiana*

Die Rosen gehören nur bedingt in den japanischen Garten. Ihre Anpassungsfähigkeit jedoch macht sie in so vielen Gartensituationen verwendbar, daß wir in unseren Anlagen vor allem auf die Wildarten nicht zu verzichten brauchen. Bei den Ausläufertreibenden muß – wie beim Bambus in Japan – unter den Schößlingen ausgelichtet werden, damit ein klar gegliederter Bestand einzeln in Erscheinung tretender Formen sichtbar wird. Auch unter den Rosenzüchtungen finden sich wunderbare Pflanzen, besonders bei den sog. historischen Rosen, die im 19. und frühen 20. Jahrhundert die Gärten zierten, wie die Sortengruppen der Alba-, Bourbon-, Centifolia-, China-, Damaszener und Moosrosen. Daß bei diesen frühen Züchtungen der später auf spektakuläre Dauerblüte fixierte Blick den besonderen Charme der Gesamtgestalt noch miteinbezog, macht sie so wertvoll

Rubus amabilis, – *calycinoides,* – *cockburnianus(!),* – *deliciosus,* – × *fraseri,* – *linkianus,* – × *nobilis,* – *odoratus* und Form ›Albus‹(!), – *spectabilis,* – *thibetanus(!),* – ›Tridel‹ *(R. deliciosus × trilobus)*

Auch in unserer Gartenanlage sind die *Rubus* gut zu verwenden, wenn man die stärker Ausläufer treibenden immer wieder auslichtet, so daß jeweils ein durchschaubarer Stengelwald übrigbleibt

Ruscus aculeatus

Ruta graveolens

Salix acutifolia, – *alba* und Formen(!), – *auriata,* – × *blanda,* – *bockii,* – × *boydii(!),* – *caprea (!),* – *daphnoides,* – *elaeagnos(!),* – *gracilistyla(!),* – *hastata* ›Wehrhahnii‹, – *moupinensis,* – *pendulifolia,* – *pentandra,* – *purpurea* und Form ›Pendulata‹, – *rehderana,* – *triandra*

Die Weiden sind wegen ihres hohen Regenerationsvermögens bei allen Gestaltungsmaßnahmen willige Partner. Wünscht man schnell einen ›großen‹ Baum im Garten, sollte man eventuell eine der Baumweiden pflanzen. Mit rechtzeitig einsetzendem Schnitt kann das überbrausende Wachstum in jedem Entwicklungsstadium der Pflanze gestoppt werden.

Sambucus callicarpa, – *canadensis* und Formen, – *nigra* und Formen, *racemosa* und Formen

Niemand verachte den Holunder! Seine äußerste Anspruchslosigkeit, noch mehr aber seine vielfachen Beziehungen zu Volkstum und Volksmedizin prädestinieren ihn für Gärtnern aus japanischem Geist

Sarcococca confusa, – *hookeriana* und Form ›Digyna‹(!), – *humilis,* – *ruscifolia(!)*

Skimmia japonica und Formen, – *laureola,* – *reevesiana* und Form ›Rubella‹

Sophora japonica und Form ›Pendula‹

Sorbaria aitchisonii, – *arborea,* – *sorbifolia* var. *stellipila,* – *tomentosa*

Sorbopyrus auricularis(!), eine zwar nicht alltägliche Kreuzung – *(Sorbus aria* × *Pyrus communis),* die sich aber selbstverständlich jedem Gartenraum einfügt

Sorbus alnifolia(!), – – *submollis,* – *americana,* – *aria* ›Lutescens‹ und ›Pendula‹ (!), – *aucuparia* und Formen, – *cashmiriana(!),* – *discolor,* – *domestica(!)* (wo man Geduld hat und ausreichend Platz ist), – *esserteauana,* – *folgneri(!),* – *hupehensis,* – ›Joseph Rock‹(!), – *matsumurana(!),* – *pohuashanensis,* – *rufoferruginea,* – *sargentiana(!),* – *vilmorinii(!)*

Die Vogel- oder Mehlbeeren sind allesamt sehr gut zu gebrauchen. Es sind hier einzig wieder die allzu strengen Wuchsformen, welche eine freie Gestaltung widersinnig erscheinen lassen. Bei der ungeheuren Fülle des Angebots bleiben so viele Möglichkeiten offen, daß man sich kaum entscheiden mag. Die hier vorgenommene Auswahl ist ganz persönlich und erhebt keineswegs den Anspruch auf Vollständigkeit

Spiraea albiflora, – × *arguta(!)*, – *bullata*, – Bumalda-Hybride ›Anthony Waterer‹(!), – *canescens*, – *henryi(!)*, – *nipponica* und Formen(!), – *sargentiana*, – × *vanhouttei*, – *veitchii(!)*

Die Qualität der Spiersträucher im japanischen Garten hängt einzig vom richtigen Schnitt ab, der Blütenbildung und Form des Gehölzes auf einen Nenner zu bringen versteht

Stephanandra incisa und Form ›Crispa‹, – *tanakae*

Stranvaesia davidiana und – – var. *undulata(!)*

Styrax japonica(!), – *obassia(!)*

Symphoricarpos albus, – – var. *laevigatus(!)*, – × *chenaultii* und Form ›Hancock‹, – *orbiculatus* und Form ›Magic Berry‹ und ›Variegatus‹(!)

Syringa amurensis, – – var. *japonica(!)*, – × *chinensis* und Formen, – × *josiflexa* ›Bellicent‹, – *julianae(!)*, – *meyeri(!)*, – *microphylla* und Formen(!), – *pekinensis*, – Preston-Hybriden ›Audrey‹, ›Desdemona‹, ›Hiawatha‹, – *reflexa*, – × *swegiflexa*, – *yunnanensis(!)*

Flieder sind schon in der üblichen europäischen Gartenanlage ausgeprochene Problemgehölze: einerseits will man wegen ihrer herrlichen Blüten nicht auf sie verzichten, andererseits weiß man auch nicht so recht, wohin mit ihnen, wenn sie nicht blühen. Eleganter und vielseitiger im Wuchs als *S. vulgaris* und ihre Hybriden ist eine Reihe anderer Flieder, von denen hier eine Auswahl vorgestellt wird. Man berücksichtige auch die kleinbleibenden *S. meyeri* und *S. microphylla*.

Tamarix gallica, – *parviflora*, – *pentandra* und Form ›Rubra‹, – *ramosissima*, – *tetranda*

Für alle Gärten am Meer ist die hohe Wind- und Salzresistenz der Tamarisken von unschätzbarem Wert. Wenig bekannt ist, daß sich Tamarisken gut zu kleinkronigen Bäumen ziehen lassen. Aber ob Strauch oder Baum, ihre Schnittverträglichkeit ist hervorragend

Tilia mongolica
Ulex europaeus, – gallii, – nanus
Ulmus glabra ›Pendula‹, *– parvifolia*
Vaccinium, alle Arten und Formen
Viburnum betulifolium(!), – bitchiuense, – × bodnantense und
Form ›Dawn‹(!), *– × burkwoodii, – carlesii(!), – davidii, – farreri(!), – × juddii(!), – lantana*
Viburnum opulus, – plicatum und Formen(!), *– rhytidophyllum, – wrightii* und Form ›Hessei‹
Vinca major, – minor, beide mit Formen
Weigela coraeensis, – florida und Formen(!), *– japonica*, dazu
besonders *W. hortensis* ›Nivea‹(!)
Zelkova serrata(!); sollte sowieso häufiger dort gepflanzt werden,
wo durch die ›Ulmenkrankheit‹ Lücken gerissen wurden. Kein
anspruchsvoller Baum, schnittverträglich
Zenobia pulverulenta

Kletter-, Schling- und Rankgehölze

Daß diese Gehölzgruppe in ihren besonderen Qualitäten – dabei
denke ich in erster Linie an regelrechte gestalterische Funktionen –
aber auch wirklich weit unterschätzt wird, sollte man nun bald
reumütig erkennen und daraus die Konsequenzen ziehen. In der
japanischen Gartengestaltung müssen wir dabei zwischen zwei
ganz unterschiedlichen Aufgabenbereichen unterscheiden:

1. Die Gehölze, welche als Individualitäten sich in den Formungs-
und Gestaltungsprozeß der Gartenkunst einbeziehen lassen. Es
sind das überwiegend diejenigen, welche im Alter verholzend zu
charaktervoller Stammbildung neigen. Also etwa: *Actinidia(!)*
Aristolochia, Celastrus, Hedera(!), Vitis vinifera und einige Gar-
tenzierformen, besonders ›Apiifolia‹, ›Brandt‹, ›Incana‹ und ›Purpurea‹(!), und *Wisteria(!)*. Wenn auch an Mauern, Spalieren,
Zäunen oder Bäumen als Stützen gezogen, lassen sie sich doch
durch entsprechenden Schnitt zu um ihrer selbst willen geschätzten
›Persönlichkeiten‹ entwickeln. Und das um so mehr, je älter sie
werden. Wie die Altersformen von *Hedera colchica* und *H. helix*
(›Arborescens‹), die das immergrüne Strauchsortiment wesentlich
bereichern, so lassen sich auch *Atinidia, Vitis* und *Wisteria* – mit

leichter Stützung in der Jugend – zu freitragenden Gehölzen schneiden, die bei der leichten Lenkbarkeit des Neuzuwachses alle Gestaltungsabsichten mitmachen. Für kleinere Gartenräume können sie nicht genügend empfohlen werden.

2. Die Gehölze, deren Fähigkeit, Flächen in der Vertikalen oder Horizontalen, mit oder ohne hilfreiche Unterstützung, zu überwachsen, gewünscht wird.

Eigentlich ist man doch verwundert, daß bei der allgemein dichten Bebauung unserer allernächsten Umwelt so selten die Chance genutzt wird, diese Steine zu begrünen und den unerfreulichen Anblick von Mauern und Zäunen in heitere Ausblicke auf frisches Grün zu verwandeln. Kaum auszudenken, wie sich eine systematische ›Berankung‹ unserer Städte ästhetisch und klimatisch auswirken könnte! Nicht ganz zu schweigen von ökonomischen Erwägungen zur Wärmeenergieeinsparung.

Japanische Gartengestaltung bietet Lösungen – darauf wurde schon wiederholt hingewiesen – besonderer Art gerade für kleinere Flächen und Räume an. Leider wird man im Blick über den Garten hinaus nur in den allerseltensten Fällen eine Shakkei, geborgte Landschaft, der Komposition als krönenden Hintergrund und Abschluß hinzufügen können. In der Regel sind es Begrenzungen – Mauern, Zäune und Hecken –, die das Draußen ausschließen sollen und müssen, weil es stört. Die Verwendung von Bambus für Zäune wird hierzulande immer etwas problematisch bleiben, weil das tote Holz nicht durch entsprechende lebendige Pflanzen integriert werden kann, bauliche und naturhafte Elemente also nicht die für den japanischen Garten so typische selbstverständliche Einheit bilden können – das versagen uns die klimatischen Bedingungen. Deshalb wird man sich nach anderen Materialien umsehen müssen, die sich in unseren Breiten klimatisch wie ökologisch eingliedern und sich den strengen Kompositionsprinzipien des japanischen Gartens anpassen. Da ist zunächst auf die geschnittene Hecke zu verweisen (s. Pflanzenliste), die zwar im alten japanischen Garten nicht die Rolle spielt wie seit je in Europa, die aber von den neueren japanischen Gartengestaltern häufiger verwendet wird. In unseren Zonen können wir einfach nicht auf sie verzichten.

Eine weitere elegante Form des Sichtschutzes können die Kletter-, Schling- und Rankgehölze liefern, wenn man ihnen einen stabilen Drahtzaun als Gerüst anbietet. So entstehen ganz schmale, grüne Wände. (Besonders hingewiesen sei auf die immergrüne Bepflanzung durch Efeu oder *Lonicera henryi*.)

Bodendecker

Als Bodendecker empfehlen sich für den japanischen Garten die folgenden:

Hedera colchia, – helix, beide mit Formen
Hydrangea anomala ssp. *petiolaris.* Die Hortensie ist kein besonders niedriger und dichter Bodendecker. Die Blüte, das Blatt und die Zweigstruktur im Winter lassen sie dennoch wertvoll erscheinen
Lonicera japonica, mit Formen ›Halliana‹ (muß im Frühjahr scharf zurückgeschnitten werden) und ›Aureo-Reticulata‹
Parthenocissus, alle Arten und Formen; *P. henryana* besonders für geschützte Bereiche im Halbschatten, wo sich am besten die purpurweiße Blattaderung entwickelt, die ziert, ohne aufdringlich zu sein
Vitis coignetiae, – davidii, – riparia

Nadelgehölze

Cedrus atlantica mit Formen ›Glauca‹ und ›Glauca Pendula‹, *– brevifolia, – deodara* mit ›Pendula‹, *– libani* mit Formen ›Nana‹ und ›Sargentii‹
Chamaecyparis obtusa und Formen(!), *– pisifera* und Formen, *– thyoides* und Formen
Chamaecyparis lawsoniana und *Ch. nootkatensis* wachsen allzu architektonisch, gleichmäßig. Durch besonders geschickten, intensiven Schnitt ließen sich auch aus ihnen für den japanischen Garten geeignete Formen entwickeln; die Eingriffe wären jedoch zu tiefgreifend, daher sollte man auf willigere Alternativen ausweichen.

Cryptomeria japonica und Formen(!)

Ginkgo biloba(!) und Form ›Pendula‹

Juniperus chinensis(!) mit Formen ›Japonica‹, ›Kaizuka‹, ›Keteleerii‹, ›Pfitzeriana‹ (beim Pfitzer-Wacholder ist es möglich, durch rechtzeitiges Stäben und Schneiden einen 5–7 m hohen pittoresken Baum zu erziehen), – *communis* und alle niederliegenden, flachwachsenden Formen(!), – *horizontalis,* – *rigida* (nur für mildeste Gegenden), – *sabina* und Formen, – *scopulorum,* – *squamata,* – *virginiana* und Formen(!)

Die Wacholder können zentrale Bausteine unserer Gartenkonstruktion werden. Wo sie eine Funktion erfüllen, wird man die schlank aufrecht wachsenden (besonders *J. virginiana* ›Skyrocket‹) mit ihrem Zypressencharakter pflanzen

Larix decidua mit Form ›Pendula‹(!), – *kaempferi* (›*L. leptolepis*‹) mit Form ›Pendula‹(!)

Von den beiden in Frage kommenden Lärchen lassen vor allem die Hängeformen eine Fülle gestalterischer Möglichkeiten zu.

Metasequoia glyptostroboides, Chinesisches Rotholz, Wasserlärche, ist nur mit Vorbehalt zu empfehlen, da ihr Aufbau zu gleichmäßig ist. Andererseits sind Stamm- und Zweigstruktur äußerst wirkungsvoll. Es ist vorteilhaft, *M. gyptostroboides* mehr an den Rand einer Komposition zu pflanzen und ›verwachsene‹ Exemplare zu bevorzugen.

Microbiota decussata(!)

Picea

Von der Fichte lassen sich nur die Miniaturformen, die ganz kompakt wachsenden oder kriechenden verwenden; aber selbst da sollte man überlegen, ob nicht andere Pflanzen eher geeigneter erscheinen.

Pinus armandii, – *banksiana,* – *contorta,* – *densiflora(!)* mit Form ›Umbraculifera(!)‹, – *jeffreyi(!),* – *koraiensis,* – *mugo(!)* und Formen, – *nigra,* – *parviflora* und Formen(!), besonders ›Tempelhof‹(!), – *peuce,* – *ponderosa scopulorum,* – *pumila* und Formen, *resinosa,* – × *schwerinii,* – *sylvestris* und Formen(!), – *thunbergii(!),* – *wallichiana*

Die Kiefer ist sicherlich *das* zentrale Pflanzenthema des japanischen Gartens. Man muß gesehen haben, wie virtuos die fernöstlichen Gärtner die Kiefer zu den unwahrscheinlichsten Baumgestalten formen, ohne den natürlichen Pflanzencharakter je aus dem Auge zu verlieren. Für die Kieferngestaltung im Garten wäre unbedingt ein Training an Bonsai-Pflanzen zu empfehlen.

Pseudolarix kaempferi(!)

Sciadopitys verticillata(!)

Taxus baccata, – *procumbens* mit Form ›Repandens‹ – *cuspidata* und Formen

Thuja koraiensis, – *occidentalis* ›Ericoides‹ und ›Spiralis‹ (als Zypressenersatz), – *standishii(!)*

Thujopsis dolabrata, Hiba-Lebensbaum; besonders seine nördliche Rasse *Th. dolabrata* var. *hondai(!)* soll empfohlen werden.

Tsuga canadensis mit Form ›Pendula‹, *diversifolia*, – *heterophylla*, – *mertensiana*, – *sieboldii*

Verwendung von Stauden

Generell spielen die Stauden im japanischen Garten eine ganz andere Rolle als im europäischen; überspitzt gesagt: hier stehen sie in bunter Fülle massiert auf besonderen Beeten, dort sind sie vereinzelt Gehölzen, Steinen oder Baulichkeiten zugeordnet. Im übrigen gilt für sie ebenso wie für Gehölze die Präferenz der Form und Struktur vor spektakulärem Blütenreichtum. Ein entsprechender Staudenschnitt wird diese Absichten immer wieder zu unterstützen haben, ebenso wie eine rhythmische Gliederung Auslichtung bei der Grünmasse notwendig macht.

Der ganz besondere Charakter einiger Stauden oder die Assoziationen, die wir mit einigen spontan verbinden, machen es möglich, mit ihrer Hilfe besondere Gartenwirkungen zu steigern.

Ein Baumstamm wirkt wuchtiger, wenn wir an seinem Fuße zarte Kräuter ansiedeln, und ein Felsen, ein Wasserfall sehen gewaltiger aus, wenn eine perspektivisch entsprechende Begleitpflanzung die Dominanz der Steine herausstreicht; andererseits läßt Farn an kühle Feuchte, Heide an Sandebene, eine zerzauste Kiefer an unwirtliche Situationen denken – Vorstellungen, die der japanische Gartenkünstler ganz bewußt mit einer bestimmten Pflanzen- und Formwahl hervorzurufen versteht.

Hecken und geschnittene Büsche (Karikomi)

Niedrigere, das Gelände strukturierende Hecken und wogende Wallhecken (Karikomi) bestehen in Japan überwiegend aus *Buxus*, Azaleen und *Camellia*. Die Pflanzung von Buchsbaum dürfte hier keinerlei Probleme aufwerfen; auch sind die bei uns üblichen Arten durchaus an Stelle der dort meist verwendeten *Buxus microphylla* einzusetzen. Schwieriger kann es bei Azaleen und Kamelien werden. Für die Azaleen ist nicht immer der geeignete Boden vorhanden; und wenn man von einem Bodentotalaustausch absehen möchte, dazu die weiter notwendigen Maßnahmen zur Einhaltung des richtigen pH-Wertes scheut oder andere Gründe Azaleen sowieso ausschließen, dann muß man Ersatz suchen. Dazu bieten sich an:

Berberis thunbergii mit Form ›Atropurpurea‹
Chaenomeles
Crataegus coccinioides
Lonicera tatarica, – xylosteum
Philadelphus coronarius, – inodorus var. *grandiflorus*, – Lemoinei-Hybride ›Erectus‹
Ribes alpinium ›Schmidt‹, *– sanguineum* ›Atrorubens‹
Rosa rugosa, – pimpinellifolia, – virginiana
Spiraea × *arguta*, – Bumalda-Hybride ›Froebeli‹, *– nipponica*, – × *vanhouttei*
Symphoricarpos × *chenaultii*
Syringa × *chinensis, – microphylla*

Bei Kamelien sind es häufiger klimatische Gründe, die von einer Anpflanzung Abstand nehmen lassen. Wenn es einzig klimatische Bedenken sind, kann man für die Kamelien einen kleinblättrigen Rhododendron als Ersatz wählen: *Rh. williamsianum* und Hybriden, *Rh. forrestii* und Hybriden, *Rh. wardii* und Hybriden und viele andere, besonders Wildarten. Bei der intensiven ›Schneiderei‹ geht die Blüte natürlich zum größten Teil verloren. In Japan freut man sich dann besonders über eine hier und da sich zeigende einzelne Blüte. Als Ersatz für Kamelien bietet sich an: *Mahonia aquifolium, Taxus baccata, Ilex aquifolium* und andere Arten, *Pyrancantha occinea*.

Bezugsquellen

Pflanzen für japanische Gärten

Die meisten Pflanzen werden von normal sortierten Baumschulen oder Gärtnereien bezogen werden können. Bei etwas ausgefalleneren Wünschen wende man sich an:

Gärtnerischen Pflanzenbau, Dr. Hans und Helga Simon, Georg-Mayr-Str. 70, 8772 Marktheidenfeld.
(Großes Bambussortiment, Gehölze und Stauden)

C. Esveld, Rijneveld 72, Boskoop, Niederlande.
(Umfangreichstes Angebot japanischer Ahorne und viele weitere Raritäten)

Hillier & Sons, Winchester, England.
(Größtes Gehölzsortiment, aber auch Stauden)

Ingwer, J. Jensen, Taruper Hauptstraße 18, 2390 Flensburg-Tarup.
(Historische und seltene Rosen)

Richard Huber, Rosenschulen, 5605 Dottikon AG, Schweiz.
(Umfangreiches Sortiment alter Rosen)

Staudengärtnerei Gräfin von Zeppelin, 7811 Sulzburg-Laufen.
(Spezialität: Schwert- und Taglilien)

Japanische Gartenelemente

Marmorkies, Findlinge, Steinmetzarbeiten in Granit, Werkzeuge, Japanische Gartenkeramik und Gartenlaternen sowie andere fernöstliche Kostbarkeiten.

Bonsai-Centrum, Toni-Pfülf-Straße 14, 8000 München 50 (Lerchenbaum)

Hans-Günter Grimm Import, Schloßstraße 18f, 5014 Kerpen-Horrem

Japan Design, Unterbachberg 14, 8184 Gmund am Tegernsee

Marmor Obermaier, Welfenstraße 42, 8000 München 90

Garten-Center Seebauer, Ottobrunner Straße, 8000 München 83

Wegen der Bezugsmöglichkeiten japanischer Gartenelemente wende man sich auch an die führenden Gartenzeitschriften, die auch auf diesem Bereich das sich ständig verändernde Marktgeschehen beobachten und ihre Leser gern informieren.

Planung und Anlage japanischer Gärten

Die Gärten in Düsseldorf und München wurden von der japanischen Gartenfirma IWAKI geplant und ausgeführt:

IWAKI Gardenconstruction Co Ltd., 8-9-12 Fukazawa, Setagaya-Ku, Tokyo, Japan

Bei der Planung Japanischer Gärten hilft:

Japan-Design Akiko Nakano-Franke, Buchbergweg 14, 8184 St. Quirin

Japanische Gärten

Aufgeführt werden Gärten, deren Besuch – eventuell nach Voranmeldung – möglich ist. Bei den genannten Gärten in Japan wurden die in Klammern angegebenen Abbildungen aufgenommen.

Bundesrepublik Deutschland

Bonn: Auf dem Gelände der ehemaligen Bundesgartenschau.
Düsseldorf: Im Nordteil des Nordparks, Rotterdamer Straße.
Hamburg: Im neuen Botanischen Garten der Universität.
Köln: Beim Museum für Ostasiatische Kultur, Japanisches Kulturinstitut, Universitätsstraße 100.
Leverkusen: Am Hochhaus im Park von Bayer-Leverkusen.
München: Im Westpark, IGA-Gelände.
Wuppertal: Im Innenhof des Schauspielhauses, Bundesallee.

Japan

Hiroshima: Shukukei-en (132 links)
Kagawa: Ritsurin Koen (140 oben)
Kyoto: Shinnyo-in (38), Ryoan-ji (41), Daitoku-ji (43, 44), Ryugen-in (46/47, 76), Saiho-ji (50/51), Keirin-ji (54), Tenryuji (55, 85, 88 oben), Katsura Rikyu (64/65, 93, 96, 97 oben, 100, 136 oben links), Daisen-in (77, 89), Konji-in (97 unten), Warabi no Sato (132 rechts), Sanjusangen-do (136 rechts), Sendo Gosho (136 unten links)
Osaka: Fujita Art Museum (129 unten), Shiga: Rakuraku-en (39), Tokyo: Kowaku-en (140 unten), Tottori: Toko-en (137 unten, 141), Wakayama: Sainan-in (88 unten), Yamaguchi: Joei-ji (36/37), Yamanashi: Kogaku-ji (80), Keirin-ji (133 unten)

Literaturverzeichnis

Allgemeine Literatur, die den geistigen Hintergrund und die Ästhetik des japanischen Gartens erläutert

Bing, S. (Hrsg.): Japanischer Formenschatz. Leipzig ca. 1889.

Blaser, W.: Tempel und Teehaus in Japan. Olten/Lausanne 1955.

Balser, W.: Wohnen und Bauen in Japan. Teufen 1958.

Blaser, W.: Struktur und Gestalt in Japan, Zürich 1963.

Dürkheim, K. v.: Japan und die Kultur der Stille. München 1949.

Dürkheim, K. v.: Zen und wir. München 1961.

Gläser, C.: Die Kunst Ostasiens. Leipzig 1920.

Goepper, R.: Vom Wesen Chinesischer Malerei. München 1962.

Gouse, L.: L'Art Japonais, 2 Bde. Paris 1883.

Hammitzsch, H.: Zu den Begriffen ›wabi‹ und ›sabi‹ im Rahmen der japanischen Künste. In: Nachr. Ges. Natur-Völkerkde. Ostasiens 85/86, 1959.

Hasumi, T.: Zen in der japanischen Kunst. München 1960.

Herrigel, E.: Der Zen-Weg. München 1958.

Herrigel, E.: Zen in der Kunst des Bogenschießens. München 1973.

Herrigel, G. L.: Der Blumenweg. München 1958.

Hisamatsu, S.: Zen und Fine Arts (Zen to Bijutsu). Kyoto 1958.

Iwamiya, T.: Geheimnis japanischer Schönheit. Fribourg 1965.

Kohiro, Y., und Futagawa, Y.: Form in Japan. München 1967.

Okakura, K.: Das Buch vom Tee. Insel Taschenbuch 412. Frankfurt a. M. 1979.

Seckel, D.: Buddhistische Kunst Ostasiens. Stuttgart 1957.

Seckel, D.: Einführung in die Kunst Ostasiens. München 1960.
Seckel, D.: Die Kunst des Buddhismus. Baden-Baden 1962.
Suzuki, D. T.: Zen und die Kultur Japans. Hamburg 1958.
Suzuki, D. T.: Die große Befreiung. München 1972.
Waley, A. W.: Zen Buddhism and its relation to art. London 1922.

Soll eine sinnvolle Übertragung japanischer Formensprache in unsere europäische Gartenkultur gelingen, so halten wir das Stadium der philosophisch-ästhetischen Hinter- und Beweggründe fast noch für wichtiger als die detaillierte Kenntnis um das technische Know-how der praktischen Gartengestaltung. Daher sei mit Nachdruck auf die genannten Werke hingewiesen; zum Einstieg eignen sich besonders Glaser, Hammitzsch, Hasumi, Seckel und Suzuki.

Japanische Gärten und Gartentechnik

Asano, K., and Takakuwa, G.: Japanese gardens revisited. Tokyo 1973.
Engel, D. H.: Japanese gardens for today. Tokyo 1959.
Hayakawa, M.: The garden art of Japan. Tokyo/New York 1974.
Ito, T., and Iwamiya, T.: The japanese garden: An approach to nature. New Haven 1972.
Kitamura, F., and Ishizu, Y.: Garden plants in Japan (Society for international cultural relations). Tokyo 1963. (Wichtig als Pflanzenliste für den authentischen japanischen Garten. Bei allen klimatischen Unterschieden zu Westeuropa lernt man dennoch viel über Pflanzencharakter, Auswahlkriterien etc.)
Kuck, L.: The world of the japanese garden. New York/Tokyo 1968. (Eine sehr gute historische und ästhetische Interpretation mit einer Reihe von hervorragenden Meisterfotografien.)
Mori, O.: Typical japanese gardens. Tokyo 1956.
Oaka, M., and Mori, O.: History of japanese architecture and gardens. Tokyo 1957.
Oaka, M.: Japanese architekture and gardens. Tokyo 1966.
Rambach, R., et Rambach, S.: Sakutei-ki, ou le livre secret des jardins japonais. Genève 1973.

Saito, K.: Japanese gardening hints. Tokyo 1969. (Versuch eines modernen japanischen Gartenarchitekten, das Erbe der Väter in unserer Zeit fruchtbar werden zu lassen. Wenn man auch nicht mit allen Vorschlägen einverstanden sein wird, so gibt das Buch doch wichtige Denkanstöße und technische Hinweise.)

Saito, K., and Wada, S.: Magic of trees and stones: Secrets of Japanese gardening. New York/Tokyo 1964. (Gute technische Erläuterungen.)

Schaarschmidt-Richter, I.: Der japanische Garten, ein Kunstwerk. Fribourg/Würzburg 1979. (Es ist dies das bei weitem umfangreichste und gründlichste Werk, das zum Thema in deutscher Sprache erschienen ist. Es handelt sich um eine grundsätzlich theoretische, nicht praxisbezogene Abhandlung mit eindrucksvoller Illustration.)

Sunset Books: Garden pools, fountains and waterfalls. Menlo Park, Calif. 1974.

Takakuwa, G.: The japanese gardens. Kyoto 1962.

Takakuwa, G.: The Zen gardens, 2 Bde. Kyoto 1962.

Wachter, K.: Der Wassergarten. Stuttgart 1983. (Für europäische Gestaltungsvorhaben geschrieben, jedoch auch bei der Realisierung eines japanischen Gartens hilfreich.)

Warring, R.: Garden pools and fishponds. London 1971.

Yoshida, T.: Der japanische Garten. Tübingen 1957.

Gehölze

Bärtels, A.: Gartengehölze. Stuttgart 1981. (Eine ideale Verbindung zwischen Wissenschaft und Praxis der Dendrologie.)

Bean, W. J.: Trees and Shrubs hardy in the British isles, 4 Bde. London 1970/80. (Für den fortschreitenden Gehölzliebhaber und -kenner ist Bean unentbehrlich.)

Hillier, H. G.: Hilliers manual of trees and shrubs. London 1972. (Dies ist der erweiterte Katalog einer der bedeutendsten Baumschulen Europas. Wichtig schon deshalb, weil die aufgelisteten Pflanzen wirklich lieferbar sind.)

Thomas, G. S.: The old shrub roses. London 1966.

Thomas, G. S.: The manual of shrub Roses. Windlesham 1967.

Bonsai

Boerner, F./Koch, H.: Gehölzschnitt. Stuttgart 1981. (Hier wird umfassend und ausführlich der ›europäische‹ Aspekt des Ziergehölzschnittes erläutert. In der Verbindung mit der Bonsai-Kulturtechnik gewinnt man die für jede Pflanzenbehandlung im japanischen Garten notwendigen Kenntnisse und Verfahrensweisen.)

Murata, K.: Bonsai. Miniature potted trees, their training and care for beginners. Tokyo 1964.

Perry, L. R.: Bonsai. Trees and shrubs. New York 1964.

Schmidt, W.: Die Kunst des japanischen Bonsai. Stuttgart 1980.

Yoshimura, Y., and Halford, G. M.: The japanese art of miniature trees and landscapes. 1972.

Stauden

Hansen, R., und Stahl, F.: Die Stauden. Stuttgart 1981.

Thomas, G. S.: The modern Florilegium. Windlesham 1966.

Thomas, G. S.: Plants for ground-cover. London 1977.

Steine

Baetzner, A.: Natursteinarbeiten im Garten- und Landschaftsbau. Stuttgart 1979. (Wenn auch eigentlich als Fachbuch für hier übliche Behandlung und Verarbeitung von Naturstein ausgelegt, bietet das Werk dennoch eine Fülle entscheidender Informationen auch für denjenigen, der in der klassisch-japanischen Weise den Naturstein in der Gartenkomposition einsetzen will.)

Mehling, G. (Hrsg.): Naturstein-Lexikon. München 1973.

Takakuwa, G.: The japanese gardens. Kyoto 1962.

Takakuwa, G.: The Zen gardens, 2 Bde. Kyoto 1962.

Wachter, K.: Der Wassergarten. Stuttgart 1981. (Wenn auch für europäische Gestaltungsvorhaben geschrieben, findet man jedoch hier viele technische Hinweise, welche auch bei der Realisierung eines japanischen Gartens hilfreich sein werden.)

Warring, R.: Garden pools and fishponds. London 1971.

Yoshida, T.: Der japanische Garten. Tübingen 1957.

Sachregister

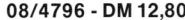

HEYNE KOCHBÜCHER

Gesunde Küche und Biokost im Heyne-Taschenbuch.

Mireille Ballero
Die besten vegetarischen Gerichte aus aller Welt
07/4321- DM 6,80

Connie Berman/
Susan Katz
Das Joghurt-Kochbuch
07/4294 - DM 5,80

Eva Exner
Kochen mit Milch, Quark und Joghurt
07/4082 - DM 5,80
Die biologische Küche
07/4298 - DM 5,80
Biologisch backen
07/4396 - DM 6,80

Ilse Froidl
Vegetarische Küche
07/4080 - DM 5,80

Chantal Gallo
Gesunde Körner-Kost
07/4424 - DM 7,80

Roland Gööck
Kochbuch für das einfache Leben
07/4376 - DM 12,80

Dr. Luis Guerra
Bio-Diät
07/4406 - DM 6,80

Eve Marie Helm
Feld-, Wald- und Wiesen-Kochbuch
Mit Farbfotos
07/4295 - DM 12,80

Jocasta Innes
Vom Kochen auf dem Lande
07/4387 - DM 9,80

Edda Meyer-Berkhout's
Großes Eierkochbuch
07/4382 - DM 6,80

Rose-Marie Nöcker
Makrobiotische Küche
07/4288 - DM 5,80
Sprossen und Keime
07/4325 - DM 5,80
Körner und Keime
07/4362 - DM 7,80
Gesundheit aus dem Zimmergarten
07/4404 - DM 6,80

Jane O'Brien
Das Tofu-Kochbuch
07/4421 - DM 6,80

Peter Reuss
Kochen mit Wildpflanzen
07/4292 - DM 5,80

Gini Rock
Biokost
07/4375 - DM 6,80
Die Grüne Küche
Das 400. Heyne-Kochbuch
Mit Farbfotos
07/4400 - DM 8,80
Die gesunde Honigküche
07/4433 - DM 6,80

Maria Sartor
Das Küchengarten-Kochbuch
Mit Farbfotos
07/4374 - DM 7,80

Chris Stadtlaender
Schönheit aus dem Kochtopf
07/4368 - DM 6,80
Bio-Süßigkeiten zum Selbermachen
07/4417 - DM 7,80

Marlis Weber
Naturküche
Vollwertkost für Feinschmecker
Mit Farbfotos
07/4443 - DM 9,80

Preisänderungen
vorbehalten.

Wilhelm Heyne Verlag
München

GUNTER STEINBACH

In der Taschenbuchreihe "Besser biologisch gärtnern" weist der bekannte Garten-fachmann Gunter Steinbach dem Anfänger und dem Prak-tiker Wege zum Gärtnern mit ausschließlich biologischen Mitteln.

08/4687 - DM 9,80

08/4695 - DM 9,80

08/4714 - DM 9,80

08/4750 - DM 9,80

08/4796 - DM 12,80

08/4947 - DM 9,80

 **HEYNE BÜCHER**

TIERBÜCHER

Mal heiter, mal bewegend, mal aufrüttelnd: Literatur, Sachbücher und Humorvolles über die Tierwelt.

01/6193 - DM 4,80

01/6174 - DM 4,80

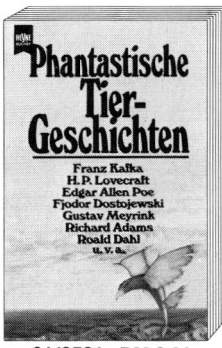

01/6531 - DM 6,80

01/6453 - DM 5,80

01/6268 - DM 6,80

01/7230 - DM 16,80

01/5286 - DM 8,80

01/5366 - DM 4,80